JN418496

태교,

영혼으로 부르는 시와 노래

영혼·마음·자연·과학·역사

태교,

영혼으로 부르는 시와 노래

손혜성(경자)·지음

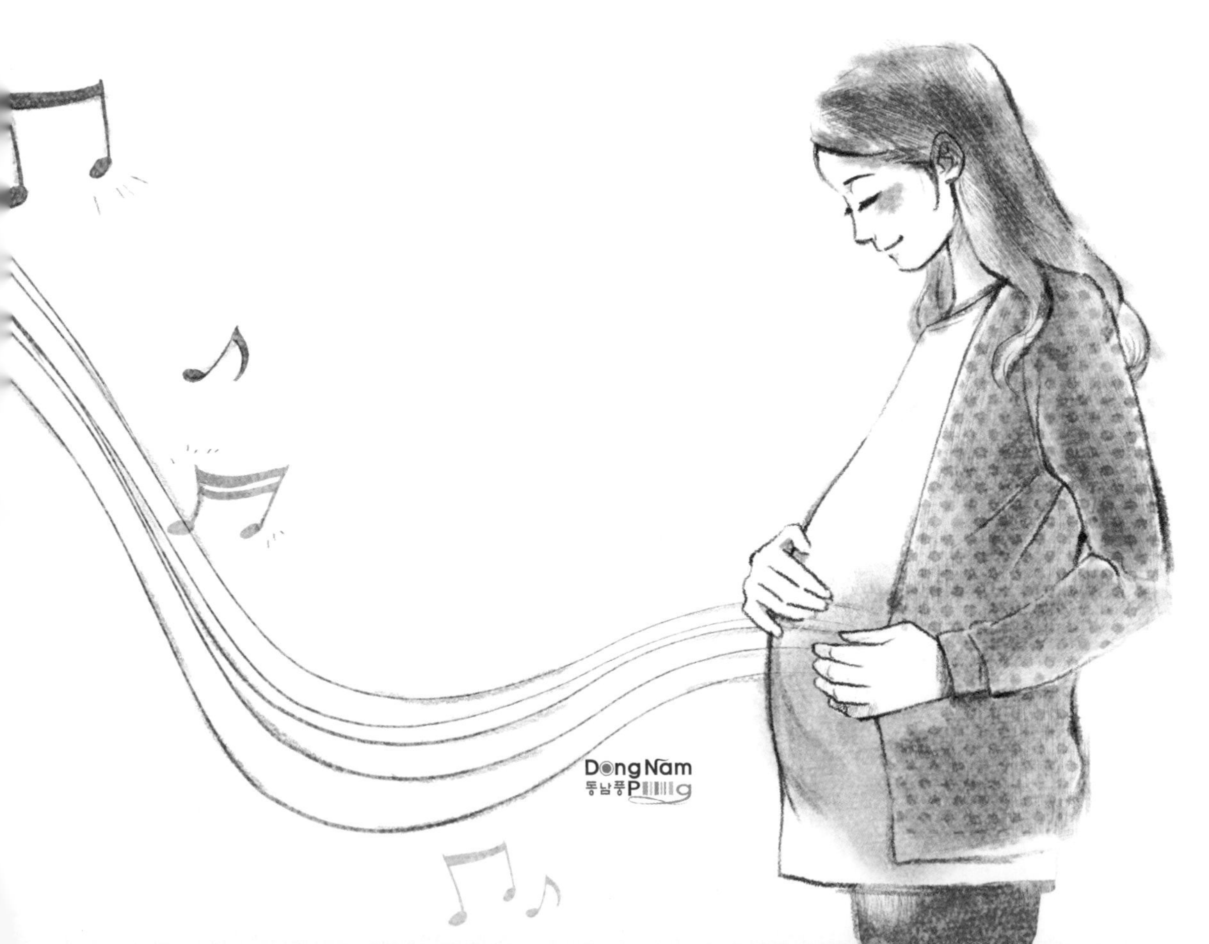

DongNam
동남풍

다 깨! 다 깨!

우리의 존재는 영혼입니다.

그것을 인정하고 사랑할 때 존재의 힘이 됩니다.

노력하셔야 합니다.

그것은 절대자의 힘이고

스스로 절대자를 만드는 길입니다.

심연의 늪에 자신을 편안히 누이세요.

2019년 여름.
'다 깨! 다 깨!'를 환청으로 들었던 얼마 후,
펜을 잡고 글을 쓰면서 들었던 환상과 환청!
; 한 마디도 작가의 생각 안에 존재하지 못했던 말입니다. 신비해서 집 안, 네 곳에 2년이 넘게 붙여놓고 바라보니 두려움이 서서히 사라집니다. 희망이 생기기도 합니다. 죽음을 만나고, 보고 싶은 욕구가 생기고 있습니다.

추천사

손혜성(경자) 선생님을 알게 된 지는 20년 남짓 되는데도 글을 쓰셔서 그런지 선생님의 젊음은 예나 지금이나 시공을 초월하시나 봅니다. 선생님의 글을 읽다 보면 요새 젊은이들의 글처럼 빠른 진행은 없어도 연륜에서 묻어나는 깊은 울림이 있습니다. 언젠가 선생님 댁을 방문한 적이 있습니다. 평소 선생님의 모습처럼이나 정갈하고 단아한 집 내부의 가구며 소품이며 책들이 시간이 오래 지난 지금까지 내내 머리에 사라지지 않습니다. 늘 공부하시는 모습이 아름답습니다.

많은 학자가 사람의 성격 형성은 어머니 배 속에서 이루어진다고 합니다. 또 저의 개인적인 생각으로 볼 때도 태교(胎敎)는 얼마나 아름다운 일인가 싶습니다. 나는 여성이 아니기에 아기를 태중에 가져본 적이 없지만, 아기를 가진 임부(妊婦)가 느끼는 감정이나 마음은 배 속의 아기에게 대단한 영향을 준다고 생각합니다.

아기를 가진 임부가 혼자 조용히 산책하거나, 좋은 음악을 듣거나, 책을 읽거나 아니면 무엇을 하든지 태중의 아이와 교감(交感)을 느끼는 일, 아마 모르긴 해도 그 임부는 몇 달 후에 아기와의 만남을 기대하며 태중의 아기와 행복한 이야기를 주고받는지도 모릅니다. 2015년 한국에도 다녀간 일본의 산부인과 의사이자 작가인 이케가와 아키라는 그의 저서 『아기는 뱃속의 일을 기억하고 있다』(샨티출판사, 2003)라는 책에서 이렇게 말합니다.

"태교의 본래 목적은 아기가 엄마의 배 속에 있을 때부터 엄마와 유대를 돈독히 하면서 그 뒤 이어지는 육아의 기초를 튼튼히 만드는 일입니다. 중요한 것은 아기에게 뭔가를 가르쳐 주는 게 아니라, '사랑받고 있구나' 하는 안도감을 선물하는 일입니다. 그런 뜻에서 태교는 '여자가 엄마로, 남자가 아빠가' 되는 준비 작업이기도 합니다."

저는 한 일본 작가의 이 글을 읽으면서 많은 생각을 하게 되었습니다.

태교는 임산부가 혼자만 하는 것이 아니라 곧 태어날 아기의 아빠가 될 남자는 물론 온 가족이 함께하는 것이 아닐까 싶습니다.

손경자 선생님의 『태교, 영혼으로 부르는 시와 노래』는 현재 배 속에 아기를 가진 많은 임부와 미래에 산모가 될 여성들에게 꼭 권해드리고 싶은 책이기도 합니다. 그뿐만 아니라 결혼을 앞둔 미래의 남편들에게도 아주 귀한 도움이 되는 책이 될 것입니다. 또한, 곧 태어날 아기의 할머니 할아버지가 되실 분들에게도 권해드리고 싶습니다. 태교는 임부 혼자 하는 게 아니라 온 가족이 함께 장차 태어날 아기에게 줄 수 있는 사랑의 표현이며, 임부에 대한 가족의 사랑은 곧 임부의 정신적 육체적인 평화와 안정을 가져오기 때문입니다.

아무쪼록 손혜성(경자) 선생님께 언제나 평화롭고 지금처럼 활기찬 젊음 간직하며 건필하시기를 기원하며 짧게나마 추천사에 대신합니다.

2021년 10월

전 한신대학교 교수 김진학

작가의 말

어느 날 책에서 태교에 관한 이야기를 우연히 보고 난 후, 불현듯 태교에 관한 이야기를 쓰고 싶다는 충동이 제 안에서 일어났습니다. 43년생인 제가 80세의 나이로 책을 쓴다는 것은 생각도 하지 못하고 있었습니다.

원광대학교 중앙도서관에서 태교에 관한 과학 서적으로 김수용 선생님의 『뇌과학이 밝혀낸 놀라운 태교이야기』(종이거울출판사, 2011)를 알게 되었고 역사에서는 이사주당의 『태교신기』(문사철출판사, 2020)를 보면서 우리나라 태교에 대해 홍미를 느끼게 되었습니다.

세계적으로 태교에 대한 이야기가 일반화되지도 않았고 더구나 시인이 쓰는 것은 세계적으로 드문 사실도 알게 되었습니다. 여자이고 태교의 경험도 있었고 또는 환상이나 환청이라는 체험도 있어 적절하다고 생각하며 내가 가지고 있던 무거운 것들이 어쩌면 세상에 기여할 수 있다고 생각했습니다.

세계적으로 태교는 등한시되었습니다. 동양은 아기가 태어나면 1살이 되는 문화가 있지만, 유럽은 태어나면 0살로 시작되고 있습니다. 배 속에서의 10개월은 무시되고 있었습니다. 그러나 우리나라는 예부터 태교에 대한 지침이 있는 세계에서 유일한 나라입니다. 세계는 인간 행동과학과 뇌 과학에 대한 연구가 이루어지고 있어 재미있는 연구 결과가 나오기도 합니다. 서서히 태교에 대한 인식이 깨어나고 있습니다.

태교로 상징되는 인간에 대한 이해는 우리 한국인의 정신세계에 면면히 흐르고 있습니다. 선각자들이 과학적으로 판단을 하고 있었다는 것이지요. 태교를 누구에게 따로 배우지는 않았지만 대대로 전승된 민간종교였고 집안 내력의 가풍이었던 것입니다. 태교는 여인들에 의해 은밀히 전승되어 온 생명에 대한 오래된 믿음이고 학문이고 나아가 신앙입니다. 고유한 문화 전통입니다.

조상들의 태교에 대한 방향이 과학적임을 알 수 있고 자부심을 가지고 정리하기로 했습니다. 과학과 역사는 문헌을 요약하는 형식으로 영혼과 마음은 시인의 체험과 은유와 상상력으로 자연은 같이 살아야 하는 생명체로서, 또는 노래로 태아의 마음에 심어줄 수 있게 시의 형식을 빌려 썼습니다.

문학을 전공한 사람이 아니라 부족한 점이 많은데 일면식도 없었던 저를 시인의 길로 갈 수 있도록 해주신 김진학 선생님의 순결한 마음에 거듭 감사드립니다.

이 책을 쓰는데 『뇌과학이 밝혀낸 놀라운 태교이야기』에서 많은 영감을 받았습니다. 집필하신 김수용 선생님이 계신 학교로 메일을 보내 연락을 취했으나 답이 없으셔서 요약한 글을 양해하시는 것으로 판단하고 출판을 결정했음을 이 책에 밝힙니다. 또한 『태교신기』를 출판한 도서출판 문사철에 연락해서 작가가 허락하셨다는 말씀에 감사드립니다. 시 형식으로 썼기에 조심스러워 여러분께 의견을 구하니 출처를 정확히 밝히면 된다는 말에 용기를 얻고 출판을 하게 되었습니다. 감사합니다.

손혜성(경자)

차례

추천사 • 006

작가의 말 • 008

제 1 절
영혼 태교

1. 영혼의 문제 • 019
2. 배 속의 아가! 너는 희망이다 • 022
3. 남자 흙 여자 흙 • 024
4. 좋은 생각 • 026
5. 좋은 생각의 위인들 • 028
6. 태아와의 적극적 대화 • 030
7. 한 끗 • 032
8. 이해 • 034
9. 너도 잘살고 나도 잘살자 • 036
10. 우리 아기 태명은 성자랍니다 • 037
11. 영혼의 모습 • 038
12. 언어(말) • 039
13. 나를 들여다볼 때 • 042
14. 꿈속의 나라 • 043
15. 솟아오르는 영혼의 말 • 045
16. 언어와 지능 • 047
17. 우리 아기 영혼은 몸에 언제 들어오니? • 049
18. 배 속의 내 아기 성자야! • 051
19. 눈, 귀, 코, 입, 느낌, 생각 • 053
20. 배 속의 아가야! 영혼아! 부탁이 있구나 • 054
21. 영혼 • 056
22. 도깨비방망이 • 057
23. 환상 • 060
24. 환청 • 061
25. 다 깨! 다 깨! • 063
26. 환상과 환청에 대한 단상 • 064

27. 싸우지 말아요 • 066
28. 영혼의 염원은? • 068
29. 정성 • 070
30. 통일 • 071
31. 특별한 사람들 • 073
32. 배 속 아기의 영혼 • 075
33. 엄마의 영혼 • 076
34. 폭력 • 077
35. 종교 • 079

제 2 절
마음 태교

36. 깨어있다는 것은 • 085
37. 마음 • 088
38. 배 속의 아기가 남자일까? 여자일까? • 092
39. 일란성 쌍둥이 • 093
40. 평화로움은 마음입니다 • 094
41. 분노 • 096
42. 소유의 개념 • 098
43. 인간의 위대한 마음 • 100
44. 당신의 마음은 지금 어디에 있는가 • 102
45. 내 자리를 찾지 못하는 마음 • 104
46. 내 마음을 들여다본다는 것은 • 105
47. 부정적인 문화, 관습, 습관 • 106
48. 환희 • 107
49. 기도 • 108
50. 용서 • 110
51. 핵 • 111
52. 거짓말 • 113
53. 긍정적 희망은 많을수록 좋다 • 114
54. 홍익인간 • 115

55. 아가 옷 • 117
56. 엄마가 부탁한다 • 119
57. 남자, 여자 • 121
58. 돈의 자리 • 123
59. 나는 문화다 • 124
60. 존댓말 • 134
61. 힘이 들 땐 진실이 길이다 • 136
62. 대화 • 137
63. 일 • 138
64. 적당한 거리 • 139
65. 여성 국회의원 50% • 141
66. 신생아에 대한 엄청난 폭력 • 142
67. 포대기 • 143
68. 자주 하면 좋은 말(작자 미상) • 145

제 3 절 자연 태교

69. 가장 즐거운 태교 방법 • 149
70. 자연을 사랑하는 사람들 • 150
71. 파멸의 묵시록 • 153
72. 자연은 '나'입니다 • 156
73. "널리 이롭게 하라"로 세상을 구하자 • 158
74. 코로나에게 • 159
75. 엄마는 꽃 손, 태아는 꽃잎 • 160
76. 한 집안 가족 • 161
77. 송아지와 소 • 163
78. 코로나 19 바이러스 • 164
79. 반딧불 사랑 • 165
80. 뱀 • 166

81. 지구의 본질은 생명입니다 • 168

82. 풀아, 미안하다 • 169

83. 숲속의 요정들 • 170

84. 행동 • 171

85. 고양이 태 • 172

제 4 절
과학 태교

86. 엄마는 언제부터 되는 것일까요? • 177

87. 아기의 뇌 • 179

88. 언어와 지능 • 180

89. 태아의 학습장애 • 182

90. 옹알이 • 183

91. 계획 임신 • 185

92. 사랑의 소리 • 187

93. 모체의 건강 • 189

94. 임신 중의 섹스는 배 속의 아기도 환영한다 • 191

95. 음악 태교 • 192

96. 엄마의 속마음 • 194

97. 뇌 기능 장애 • 195

98. 사랑의 자극 • 196

99. 자기 암시 • 198

100. 미술 태교 • 199

101. 태동일기 쓰기 • 200

102. 임신 중 좋은 남편 되는 20가지 방법 • 202

103. 태아의 시신경을 괴롭히지 마라 • 204

104. 잠 • 206

105. 자궁 속의 비밀 • 208

106. 입덧 극복하기 • 209

107. 산모의 연령 • 211

108. 임신부의 우울증 • 213
109. 태아의 발육을 고려한 영양 • 215
110. 임신 중에는 평소의 두 배 가까운 철분을 섭취해라 • 218
111. 임신부의 방에는 끊임없이 신선한 공기가 공급되어야 한다 • 220
112. 약물 • 222
113. 임신부의 습관적 음주, 흡연 • 223
114. 애완동물로부터 옮기는 톡소플라스마 병 • 224
115. 임신부의 운동 • 225
116. 임신 중에는 물을 충분히 마시자 • 227
117. 임신부의 정기검진 • 228

제 5 절
역사 태교

118. 태교의 전래 • 233
119. 『태교신기』는 어떤 책인가 • 235
120. 사주당의 태교관 • 236
121. 성품 • 237
122. 어머니의 도 • 239
123. 임부의 언어 • 241
124. 아버지의 도 • 243
125. 태교의 도 • 244
126. 귀로 듣는 것 • 245
127. 태를 기른다는 것 • 246
128. 임부를 대하는 것 • 247
129. 임부가 누워 자는 것 • 248
130. 속담의 지혜 • 249
131. 천금요방의 임신 10개월 • 251

132. 전통 태교 중 임신부가 하지 말아야 하는 것 • 254
133. 단동 십훈 • 256

제 6 절 노래

134. 둥둥 아기 무얼 하고 있니? • 261
135. 분리수거 잘해요 • 262
136. 개미집 • 264
137. 숨바꼭질 • 265
138. 도깨비방망이 • 266
139. 이름 없는 풀 • 268
140. 산으로 소풍 가자 • 269
141. 엄마 아빠 사랑해요 • 270
142. 깊은 산속 • 271
143. 민들레 • 272
144. 기차 여행 • 273
145. 우리 성자 누굴 닮았나? • 274
146. 물을 아껴요 • 275
147. 물놀이 가면 • 276
148. 태교 음악 • 277

참고문헌 및 자료 • 279

제1절 — 영혼 태교

1

영혼의 문제

영혼의 문제는 우리 인류 역사에서 많은 논란이 되어 왔다.

영혼 존재에 대한 긍정 부정은 물론 그 존재 양상에 대한 의견도 역사적 흐름과 문화적 입장, 그리고 사람들의 지견에 따라서 서로 달리 설명되어 왔었다. 이러한 모든 입장이 근세 과학의 발달에 따른 사상적 큰 흐름에 따라서 두 가지 성격으로 정리되기에 이르렀다. 즉 유물론적 입장과 그에 반하는 입장이다. 유물론적(과학자 입장) 입장에서는 영혼의 독자적 존재 자체를 부정한다. 영성적 속성까지도 물질의 속성으로 간주해 버리는 것이다.

그리하여 소련에서는 영적작용을 레이저 광선의 작용일 것이라는 가정을 세우고 이를 과학적 실험을 통해서 입증해 내려고 했으나 실패하고 말았다. 막대한 국고의 지원을 해가며 입증해 내려고 해도 되지 않을 뿐만 아니라 오히려 소련에서 심령치료법까지 개발되고 있다니 이는 진리적 사실은 그 누구도 어찌할 수 없음을 증명한 것이다. 따라서 미국에서는 많은 과학자가 영혼 문제를 연구하여 공적인 발표까지 하고 있으며 학회까지 결성되어 그 연구 결과를 공적으로 인증받기까지 하였다.

버지니아 주립대학의 스티븐슨 박사팀이 수년을 두고 연구하여 과학

진보협회에 공인을 받게 되었고 전후생의 관계를 연구하여 그 사례집인『전생을 기억하는 아이들』이란 책자를 발행하여 우리나라에서도 번역 출간되었다. 뿐만 아니라 '케이시'란 목병환자가 기억퇴행 체면을 통해서 수백 명의 전생을 투시하여 토로한 내용을 속기하여 그 내용에 따라 현장 확인을 함으로써 생사에 적용되는 원리의 한 단면이나 원리들을 추출하기에 이르렀다. 종합 발간하여 낸 책이『윤회의 비밀』로 우리나라에도 번역 출간되었다. 이 외에도 고토오 벤의 사후세계와 에머슨의 인과 법칙 규명에 관한 출판물이 쏟아져 나오고 있다.

전 시카고대학 정신의학부 E. 큐부러 로스 교수는 "나는 기독교인이었다. 육체를 떠나 생명을 단죄하는 신은 없더라고 한결같이 증언하고 … 그러므로 죽음이란 육체라는 허물을 벗는 단순한 과정에 불과하다. 이 진리를 나는 믿는다는 것이 아니라 (조사와 연구를 통해서) 나는 알고 있다. 믿는다 안 믿는다가 아니라 100% 확실한 것을 나는 알고 있다."라고 하였다. 그리하여 영혼 존재에 대한 가장 부정적인 견해에 있던 과학계에서 적극적으로 긍정하는 입장으로 바뀌고 말았다.

또 다른 입장은 영혼 존재를 처음부터 긍정하는 입장으로 각 종교계에서 주장하고 있다. 이것은 동양, 서양, 고대와 현대, 그리고 종교 간의 주장이 각각 다르고 있다. 천주교, 기독교, 이슬람교, 불교, 원불교, 힌두교 등 세상의 많은 종교는 '영혼불멸설(靈魂不滅說)'을 따른다. 즉 육신과 영혼은 별개이며, 육신은 죽어도 영혼은 죽지 않고 천당이나 지옥에 가거나 다시 인간, 동물 등으로 환생한다는 사상이다. 기독교에서는 야훼(여호와)가 불멸하는 영을 인간에게 불어넣었다고 하며, 도교에서는 불멸의 영혼을 일컬어 신선이라 하며, 불교에서는 불멸의 영혼을 업식이라 일컬을 수 있으며 이 업식에 따라 지옥, 아귀, 축생, 아수라, 인간,

천상으로 육도 윤회한다고 한다. 원불교에서는 '열반 자체가 살아 있음을 깨치고 자성의 원래를 회복함을 의미한다'며 죽음 자체는 '생로병사의 순환에 불과하다'고 강조했다. 영이 영원한 생명을 가지고 있다고 볼 때 생사의 궁극적 의미는 제생의세라 할 수 있으며 죽음이 성장을 위한 윤회의 과정임을 주장했다.

모든 생명체는 열을 발산한다. 그러나 죽고 나면 아무런 열도 발산하지 않는다. 절대 영도에서는 오로지 고요한 죽음만 존재할 뿐이다. 온 세상 모든 것들이 죽어 버린다. 남는 거라고는 얼어붙은 공기뿐이다. 이런 완벽한 죽음 속에서 살아남는 것이 있을까? 섭씨 영하 273.15도라. 지구 역사상 가장 낮았던 기온은 영하 89.2도가 기록이다. 1983년 러시아 보스턴 남극기지의 기온이었다. 그 기온에서는 침을 뱉기조차도 어려웠다. 우주에서 가장 차가운 해왕성의 트리톤도 영하 270도이다. 상상할 수 없을 정도로 추워 티끌만한 생명도 존재하지 못한다. 그런데 그보다 더 차가운 영하 273도로 떨어트린다. 과연 그 속에서 생명이 살아남을 수 있을까? 모든 것이 죽어 있을 것으로 생각했던 과학자들은 깜짝 놀랐다. 뭔가 빛을 내며 움직이는 게 보였기 때문이다.

그건 광자나 전자 미립자들이었다. 그래서 절대온도에서 완전 진공상태로 만들기로 했다. 모든 생명체를 한 번 더 완벽하게 죽여 버리는 시도였다. 그보다 더 철저한 죽음이 존재할까? 그러나 이런 이중의 죽음 상태에서도 미립자들은 끄떡없이 빛을 발하고 있었다. 이처럼 영혼은 육신이 죽어도 끄떡없이 살아있는 미립자인 게 틀림없다. 미립자는 불멸의 존재인 것이다.

●● 참고문헌요약 _ 김상운, 『왓칭』, 정신세계사, 2011, p.151.

2

배 속의 아가!
너는 희망이다

지구 인구 78억 중의 하나인 나!
무한한 공간 속에 흙덩어리!
솜털같이 거꾸로 매달려 살고 있는 생명체!
지구의 중력으로 저마다 반듯하게 땅을 밟고 서 있고
손을 아래로 가지런히 내린 채
마음대로 걷고 있다고 착각하고 있지만
우리의 모습은 고슴도치의 가시와 마찬가지로
지구에 발을 붙인 채 거꾸로 매달린
가시 같은 존재란다.
한없이 신비롭고, 불가사의하고,
그 역할마저도 육체의 생명을 잃으면
지구에 소멸하고 마는
이 땅덩어리가 생명이다.

어디 그뿐인가!
만물의 영장이라고 자칭하는 인간은
영혼을 볼 수 없는 눈을 가지고 있고

지구가 회전하는 소리는 듣지도 못한다.
양자물리학에서 알고 있는 것은
아무리 섬세하게 만들었다고 자부하는 국보들도
거미줄 같은 형체에 불과하고 인간의 몸은
박테리아 덩어리가 굴러다니고 있는 것이다.
온 세상이 거미줄 같이 출렁이는 진실 속에서
착각으로 살아가는 유일한 동물이다.
이제는 미립자를 두 눈으로 볼 수 있어야 한다.
심안으로 볼 수 있던가!
영으로 볼 수 있던가!
고도한 과학으로 쉽게 볼 수 있던가!
성자님들에 매달려 볼 수 있던가!

배 속의 아가들아!
시작과 태어남이 절대적 존재인 아가들아!
너희가 유일한 희망이구나!

3

남자 흙 여자 흙

모태에 남자 흙, 여자 흙 만나더니
바이러스 같은 흙집을 지었어요.
'박테리아' 꽃잎 되어 한 점 한 점 붙이더니
꼬물꼬물 세상을 만들어요.
모두가 하나가 되는 우주예요.
은혜의 나눔이에요.

"지구의 나이 대략 46억 년,
생명체가 등장한 나이 36억 년쯤
자궁에 잉태되는 순간 아메바의 뇌와 같은
원생동물의 상태가 돼요.
오직 사랑받고 싶어요.
사랑과 관심이 보약이에요.
그래서 창조성과 문제해결 능력을 지닌
유연한 뇌로 발전되고 싶어요.

자궁에 흙집을 짓기 시작하는 아기는 지구예요.

엄마는 영혼의 이름으로
사랑을 배달하는 종달새가 됩니다.
지지배배
지지배배
지지배배
태교의 노래로 부릅니다.

●● 참고문헌요약 _ 김상운, 『왓칭』, 정신세계사, 2011, p.151.
김수용, 『뇌과학이 밝혀낸 놀라운 태교이야기』, 종이거울, 2011, p.45, p.60.

4

좋은 생각

잘 산다는 것은 가까운 사람들과
잘 지내려고 노력하는 것이란다.
그러나 잘 지내지 못하고 이별을 만나면
가도록 놓아주는 것이란다.
사람은 얼굴이 다 다르듯 생각도 달라
때로는 좋지 않은 생각을 좇아가다가
사람도, 명예도, 돈도, 보람도 다 잃기도 하지.
그러나 '좋은 생각'은 신비한 상황을 만난단다.

누구인가 도움을 주는 것 같고
누구인가 나를 사랑하는 것 같고
누구인가 두려움을 없게 하기도 하고
누구인가 지혜를 만나게 도와주고
누구인가 나의 부족한 부분을 들여다보게 하고
누구인가 하루하루를 새롭게 시작하게 하고
누구인가 나를 스스로 지키게 하고

'좋은 생각'으로 살아간다는 것은
나쁜 생각이 들어 올 틈이 없게 한단다.
나쁜 생각은 너무 힘들어 저절로 못 오게 된단다.
'좋은 생각'이란 나도 잘살고
너도 잘살아야 한다는 것이란다.

5

좋은 생각의 위인들

위인으로 추앙받는 사람들은 알고 보면
밝은 면에만 초점을 맞춰놓았던 사람들이다.
잘 알려진 대로 링컨은 40대 후반까지 무려 여덟 번이나
선거에 낙선했고 사업을 해볼까 시도했지만 두 번 모두 실패했다.
발명왕 에디슨은 평생 1,093 가지나 되는 발명품을 만들어 냈지만
무려 5만 번의 실패를 극복해야 했다.
톨스토이가 죽은 뒤 그의 방을 정리하던 사람들이
방안에 빼곡하게 쌓여있는 실패작들을 보고 놀랐다는 유명한 일화도 있다.
셰익스피어도 평생 154편의 시를 썼는데
성공한 몇 편만 빼고는 모두 형편없는 졸작이었다.
또 다윈은 『진화론』 말고 평생 119편의 논문을 발표했고
프로이트는 650편이나 되는 논문을 발표했다.
음악 신동의 대명사인 모차르트도
평생 무려 600편이나 되는 곡들을 발표했지만
대부분은 작품성이 형편없어
빛을 보지 못하고 있다는 사실을 사람들은 모르고 있다.
이렇게 심혈을 쏟아 만들어낸 작품들의 99% 이상이

졸작으로 사장되고 겨우 나머지 1% 정도만이 인정받아
위대한 인물로 기억되는 것이다.
크게 성공한 사람들은 하나같이
어둠 속에 숨겨진 밝은 면에 초점을 두고 몰입했다.
그러다 보면 밝은 면이 점점 커져서 어두운 면을 완전히 덮어버리게 된다.

행복은 환경, 운, 머리가 아니라
상황을 바라보는 시각이 결정한다. - 주보미르스키 교수 -

●● 참고문헌요약 _ 김상운, 『왓칭』, 정신세계사, 2011, p.217.

6

태아와의 적극적 대화

태아는 3개월이 지나면 엄마의 배 속을 뚫고 들려오는
소리를 듣고 상황 판단을 할 줄 알게 됩니다.
태아는 하나의 인격체입니다.
유럽의 유명한 영아 상담사례가 있습니다.
부모가 임신 중 이혼을 했고
갈등을 체험한 태아는 태어나자
의학적 결함이 없는데 먹지도 않고 토하기만 했습니다.

유아상담실로 오게 된 영아는
6개월간 상담원이 말하는
부모의 이야기를 긍정적으로 듣고
마음이 풀어져 정상으로 올 수 있었습니다.
태아는 배 속에서 다 알고 있는 것입니다.

부모는 태아가 듣지도 못하고
느낄 줄도 모르는 것으로 착각하고
태아의 마음을 헤아릴 줄 몰랐던 것입니다.

모태에서 자라고 있는 태아는
모든 것이 형성되는 완벽한 곳에서
시작하고 있었던 것입니다.

부모가 대화로, 영혼으로 그때그때
상황에 대한 이해를 태아에게 호소하였다면
태아는 충분히 소화할 수 있는 것입니다.
왜냐하면 태아는 인간이기 전에
절대적인 존재이기 때문입니다.

은혜이고 사랑이기에
세상을 품을 수 있는 것입니다.

거짓이 없고 진실한 마음으로
10개월의 여정을 태아와 같이 가려고
헌신한다면 태아는 엄마를
받아들일 수 있었을 것입니다.
태어나 물 한 모금도 토하는 극한 상황에
매몰되지는 않았을 것입니다.

태아 안에 내재되어 있는 사랑의 프로그램은
모든 준비를 하고 시작하는 것을
어른만 모르고 살아왔다는 것이 지금의 세상입니다.
사랑을 배우고 시작하는 태교는
세상을 살아가는 첫걸음입니다.

7

한 끗

지구와 별의 거리가
몇 광년이라고 하던데요.
한 끗이라며 열어 주는데요.
무념과 유념과 우주는 생각으로 한 끗이에요.
화투장 뒤집듯 뒤집어 보면 돼요.
근데요, 그곳은 항상 온화하고 엄숙하다며
장난삼아 오지 말라네요.
재미있는 곳이라고 말했다가
며칠 애를 먹었어요.

꿈은 무의식이 다 알고 있어 상징으로 말하잖아요.
생각을 귀신같이 꿰차고 상징으로 들이미는데요.
위로도 받고, 힘도 되고, 학교에요! 학교!
늙은 나이에 입학하려고요.
믿기지 않는지 슬쩍슬쩍 보여 주면서
금방, 비 올 것 같은 구름 모습으로
하얀 이를 드러내고 활짝 웃더라고요.

한쪽 눈은 온통 초록색이고요.
한쪽 눈은 온통 검은색이에요.
지나가던 남자가 '맑다'라고 하더니
줄기까지 하얀 백합꽃 한 송이를 주고
한 곳으로 사라졌어요.

우습게 편안해요.

8

이해

엄마는 다르게 생각하기로 했어.
우리 배 속의 아기는 어떤 이야기도
다 이해할 준비가 되어 있는데
세상 사람들이 모르고 있었던 거라고.

유럽 상담 사례나,
공웅경 박사가
태아에게 부탁했던 것을
태어나면서 행동으로 들어 주었던 일들이
배 속의 태아는 세상을 이해하려고 노력했고
'좋은 생각'으로 잘살고 싶었던
행동이라고 생각해.

부모의 이혼을 이해하지 못했다면
상담원의 6개월 동안의 긍정적 대화를
이해하지 못했을 것이고
배 속에 있을 때 공웅경 박사 엄마가 부탁했던

"오후 7시에 자고, 오전 7시에 일어나자"라는 말을
긍정적으로 받아들이지 못했다면
행동으로 실천하지 못했겠지.

절대자인 배 속의 태아는 '좋은 생각'으로 있었고
"나도 잘살고 너도 잘살자"는 이념을 가지고
세상에 태어난다는 생각이구나.
그렇다면 세상 사람들 삶의 방식들을
"왜 그렇게밖에 살 수 없었을까?"
하는 의문에서 시작할 때 이해가 되기도 하고
긍정적으로 새로운 길을 찾아 나설 수도 있겠지.

엄마의 배 속에서 잘 준비하자!
세상 밖에 나왔을 때 '좋은 생각'으로 무장하고
"나도 잘살고 너도 잘살자"로 찾아갈 때
행복하고 평화로운 세상을 만들어 갈 수 있겠지.
엄마에게 태어나 주어서
고마워요 감사합니다.

9

너도 잘살고 나도 잘살자

영혼을 인정하고 사랑한다는 것이
보이지 않고 만질 수 없어 허공같이 막연하기도 해요.
마음으로 솟아오르는 지혜를 영혼이라 이름할게요.

고통과 분노나 다스릴 수 없는 혼란은
허공같이 놓아 버리고 싶은데 생각으로 이어집니다.
생각이 삶의 잔상입니다.
생각을 먼지 같이 쓸어버리기도 해야 합니다.

심연의 늪에 자신을 편안히 누일 때
비로소 절대자의 길로 갈 수 있다는군요.
절대자가 되려는 희망으로 평화를 만나라고 하십니다.
"절대자님도 잘살고"
"너도 잘살고 나도 잘살자"는 꿈이 있어
심연의 늪이 편안해졌습니다.

10

우리 아기
태명은 성자랍니다

세상 사람들이 모두, 성자였으면 좋겠어요.
세상 사람들이 모두, 잘살게 됐으면 좋겠어요.
행복을 보고 만족하고
기쁨을 보고 만족하고
하루하루 순간순간이
무리하지 않은 일거리로
여유 있고 평화스럽게
모두가 잘 지냈으면 해요.

돌 틈의 민들레
길가의 잡초도
마음껏 나래를 펴고
세상을 노래하겠지.

우리 아기 태명은 성자랍니다.
세상을 평화롭게 만들어 갈
성자예요.

11

영혼의 모습

때로, 안에서 온몸으로 밀고 나오는
강하고 푸근하게 끌어주는 어미같이
완고하게 다가와요.
순간, 마음으로 전이 되어 전율을 느끼며
벅차오르는 평화가 가슴 깊이 느껴져요.

인간의 현실은 이기적이고 매몰되어
많은 것을 듣지도 못하고, 볼 줄도 모르는
우매함에서 벗어나 조금씩 조금씩
진실 속에서 만나게 되는 광명 속에
요술 항아리 같이 빠져들어 갑니다.

영혼은 자신을 사랑하는 순결한 모습이에요.
영혼의 모습으로 미래를 생각합니다.
성인들이 만들어 놓으신
천국, 또는 광명의 세상으로
수 놓아 주시겠지요.

12

언어(말)

인간에게 언어의 표현은 화려한 꽃이에요.
삶을 표현하려는 도구입니다.
손짓, 발짓 또는 고함으로 마음을 표현하던 것이
정교한 언어로 말함으로써
인간의 삶은 발전할 수 있었지요.

그러나 언어가 삶을 평화로운 쪽보다는
속어, 폭언, 폭력, 전쟁으로 몰아갔음을
인정할 수밖에 없는 부분들이
이곳저곳에서 보입니다.

생각의 표현이 언어입니다.
다행스럽게도 심리학이 존재하면서
현실요법의 창시자인 윌리엄 글라써는
세상에서 처음으로 '아이, 메시지'라는
마음을 들여다보는 대화법을 만들었고

종교에서는 우리나라의 원불교가
삼학이라는 주제로 마음을
진리 쪽으로 들여다보면서
원만한 표현을 할 수 있는 대화법을
세상에 처음으로 제시했습니다.
두 가지 모두 불과 100년 전입니다.

마음을 들여다본다는 것은 바람과 같아
언제 왔는지 언제 갔는지
분간이 어려운 존재입니다.

그러나 들여다본다는 자체 하나만으로
분노를 잠재우기도 하고
좌절을 이길 수 있게 하기도 하고
우울을 활력으로 바꿔 놓아요.
그리고 평화로움을 주고
그 안에서 지혜가 솟아오릅니다.

이제는 언어(말)를 현실에서 보다
평화로운 마음속에서 찾아
세상을 위로하는 도구가 되어야 해요.
마음을 들여다보고
평화로움을 찾아가고
평화로움이 힘이 되어 평화를 만들어야 합니다.
세상을 평등과 평화로 만드는

언어의 마술사가 되어야 합니다.

배 속의 성자에게 부탁해요.
영혼은 다 알고 있기에
두서없이 말을 해도 성자는 알고 있어요.
마음으로 영혼으로 느껴요.
성자는 절대자이니까요.

13

나를 들여다볼 때

마음에 불안이나
마음에 활력이 없을 때
마음에 짜증이 날 때
나를 들여다보자.

그리고 그냥 가는 대로 조용히 내버려 두자.
그러면 내 안에서 영혼이
솟아오르듯 말을 해 준단다.
밝고 맑음을 찾아갈 수 있도록 길을 알려주는
영혼은 힘이란다.

14

꿈속의 나라

우주 어딘가에는 영혼 식구들이 있다고 합니다.
영겁의 세월을 가족같이 지내면서
세상에 나가서 할 일을 의논한다는군요.
그들은 사람으로 태어나서
얼마나 성숙되고, 보람되고
성인으로서의 품격을 갖추느냐가
최선의 목적이랍니다.
정신적인 성숙을 위해서
영혼에는 두려운 것이 없답니다.
가능성이 있는 영혼을 위해서
상처를 주는 것도 계획된 것이랍니다.

억울해하지 말아요.
실수를 했어도
밝고 아름다운 길을 선택했다면
아픔은 성숙해지기 위한 거름을
준 것이라고 믿으세요.

그래야 어둠에서 빛이 보이고
평화스러움을 만나요.
세상을 보는 눈이 달라져요.
어둠을 만나도 서서히
자연스럽고 행복하게
빠져나올 수 있는 여유가 찾아와요.

15

솟아오르는 영혼의 말

지혜는 마음 안에서 솟아오른다고
성자들은 말하지요.
'좋은 생각'은 현실을 넘을 수 없고
지혜는 피안을 넘나드는 존재이기에
거역할 수 없는 힘이 있습니다.
영혼은 몸을 감추고 솟아오릅니다.

무시하게 됩니다.
혼란스럽습니다.
두렵습니다.
거짓말이 없습니다.
느낌으로 옵니다.
기웃거리게 합니다.
신뢰하게 됩니다.
증거를 남기기도 합니다.
기대를 하게 됩니다.

영혼이 내 안에 보이지 않는 집을 지었습니다.
어디로 가고 있을까?
그건 '나도 잘살고 너도 잘살자'는
메시지입니다.
우주의 힘입니다.

16

언어와 지능

지구 안에서 자연의 아름다움은
수없이 피고 지는 꽃으로 대답하고
인간의 아름다움은 언어가 있어 관계를 만듭니다.
태아는 만나는 모든 것을 본능으로 느껴요.
엄마의 이야기도 온몸으로 들어요.
초성, 중성, 종성의 28자가 11,172자로 표현되는
세상에서 제일 훌륭한 우리의 언어입니다.

"태아에게는 언어의 자극이 필요합니다.
영적인 대화를 하고 또 그 세계를 맛보고
울먹이며 기도하는 여인이 지혜를 만들어내는 것입니다.
엄마와 태아가 유대관계를 이루면서
태아의 뇌가 창의적인 활동을 해야 합니다.
지상의 법만이 아니라 천국이 법이나
피안의 세계에 대한 법을 각인시킬 필요가 있습니다.
사람은 20대 초반까지 뇌는 제한 없이 무궁하게 발달합니다.
사춘기 때는 더욱 관심과 사랑이 필요합니다.

늙으면 혼자 산다는 둥, 그런 쓸데없는 이야기는
당장 집어치워야 합니다.
끝까지 인간에게 희망을 걸어야 하고
자기 자식에게 기대를 걸어야 하고
거기서 길을 찾아야 합니다.
반드시 진실하고 진심 어린 사랑이어야 합니다.
우린 사랑의 정신혁명을 다시 일으켜야 합니다."

●● 참고문헌요약 _ 김수용, 『뇌과학이 밝혀낸 놀라운 태교이야기』, 종이거울, 2011, pp.31~32, p.58, pp.60~61.

17

우리 아기 영혼은 몸에 언제 들어오니?

영혼이 아기의 몸에 언제 들어오니?
어디에 있다가 오니?
영혼은 죽지 않는다고 하지?
언제부터 살고 있었니?
언제부터 세상을 알고 있니?
우주에 있는 모든 세상에 돌아다니며 살았니?
다른 세상은 얼마나 발달했니?
그곳에 사는 사람들은 얼마나 행복하고 오래도록 사니?

우리 아기 영혼이 아기의 몸에 집을 지을 때는
아마, 요정들과 같이 오겠지!
집 안 구석구석 다닥다닥 붙어서 얼굴을 마주 보며
행복한 모습으로 미소 지으며
"잘 지내다가 오세요" 하며
축복의 인사를 나누겠지.

예수님, 부처님, 알라님 등등

많은 성자님의 영혼이 살고 있는 세상에서는
사랑, 자비, 배려, 원만으로 이루어져 있기에
새로운 인생을 축하하라고
요정을 우리 아기 영혼에 보냈을 거야.
틀림없는 거야.
사랑해요! 배 속의 아가야~

18

배 속의 내 아기 성자야!

우주의 힘을 빌려
절대자인 완벽한 내 아기 성자야
모두이고 하나인 성자야!
너는 모든 어려움을 이해하고 이겨내고
맑고 밝고 따뜻하게
세상을 품고 일어설 아가야!

세상 사람들이 비록 잘못을 저질러도
인정하고, 새롭게 다시 시작하는 사람에게
끝없이 사랑을 주는 아가야!
그곳은 상처도 없고 아픔도 없고
행복도 다르고 기쁨도 다르고
푸른 하늘에 흰 구름 다니듯
평화스러움이 이슬같이 젖어 드는 곳.

그곳은 어깨가 펴지고
머릿속이 시원하고

마음이 넓어지고
하고 싶던 일들이 평화스럽게
손에 잡히는 곳.
평화스러움이 힘이 되는 곳.
아가야!
그 물결이 태산이 되어
세상을 만들어 가거라.

19

눈, 귀, 코, 입, 느낌, 생각

보고 듣고 냄새 맡고 말하는 것은
현실의 삶이고
느끼고 생각하는 것은
피안의 세상이어야 합니다.
피안은 보이지도 않고 들리지도 않아요.
그러나 느낌으로 생각으로
우주의 존재하는 모든 것은 만날 수 있습니다.
절대자님도, 예수님도, 부처님도, 요정도…

보고 듣고 만지던 것에 익숙한 우리는
보이지 않고 들리지 않고 만질 수 없는 것에는
등을 돌리고 살아왔습니다.
그러나 태아는 완벽한 성품이에요.
우리는 그것을 알아야 합니다.
태아와는 느낌으로 말하고
영혼으로 대화해야 합니다.

20

배 속의 아가야! 영혼아! 부탁이 있구나

세상 사람들은 태아를 잘 모르는 것이 많단다.
영혼은 어디서, 어떻게, 무엇을 하고 있었는지
배 속에서 어떤 역할을 하고 있는지
보이지 않았기에 무시하고 살아온
어리석음의 존재이기도 했구나.

배 속에서 무럭무럭 자라고 있음은 고맙지만
부모도 가족도
아가의 성품을 알려고
노력하지 않음을 느끼며 많이 힘들지 않았니?

엄마 아빠가 세상의 습관에 갇혀
아기를 몰고 가려고 할 때
얼마나 답답하고 억울하니?
아기는 성품 속에 스스로 좋아해서 얻게 된 능력,
또는 그 이상의 특수한 재능도 있기도 하지.

배 속의 아가야! 부탁이 있구나!
부모가 돈이나 명예에 쫓기더라도
그냥 느껴 줄 수만 있겠니!
부모도 어쩔 수 없는 물결에
자신도 모르고 가는 불쌍한 시대였구나!

배 속의 아가야!
태어나기 전에 단단히 준비하자.
배 속에서도 아기가 좋아하고,
부모도 행복하고, 세상도 평화로운 것을
그곳에서 꼭 하고 있자.

부모가 세상의 습관에 젖었을 때
화내고, 짜증 내지 말고, 완고하게
태아의 성품을 찾아가자.
그리고 그것이 옳았음을 태어나서
마음과 몸 건강하게 잘 살아가는
성공으로 보여주자.

21

영혼

어린아이들은 영혼이에요.
산 위에서 맑은 물이
거칠 것 없이 내려오듯
흐름을 타고 노닙니다.
순간으로 이어지는 아이들 속으로 뛰어들어요.
아! 맑고 평화스러움이여!
저 평화스럽고 여유 있고 행복한 길을
왜 키워주지 못했을까요?
무엇이 앞을 가려
아기들의
모든 것이, 일체가 되는 하늘의 경지가
소중하지 않았습니까?

심연의 늪에 자신을 편안히 누이고
영혼의 대화를 들어 봅니다.
진실을 갈구하는 여명의 목소리는
대지를 적십니다.

22

도깨비방망이

전쟁과 이분법적 갈등에 세상이 흔들렸던
삼차원 시대의 잔상들과
새롭게 맞이해야 할 사차원 세계는
마치 '도깨비방망이 같다'라고 생각해요.

우리가 다른 차원의 의식으로 진입할 때
중요한 정보가 나타날 수 있다고 해요.
물리학자인 아인슈타인도 일련의 환상을 통해서
일반 상대성이론을 발견했다고 밝힌 바 있습니다.
그는 어떤 문제를 그 문제의 차원에서는
해결할 수 없다는 말을 남기기도 했습니다.
그보다 더 높은 차원으로 가야 한다는 것입니다.

●● 참고문헌요약 _ "그 이후의 삶." 글. 리 캐넌 페트리샤 코리.

칼 융은 『존재와 상징』에서 어떤 교수가 돌연 환상을 보고
자신은 정신병자가 아닌가 하고 찾아온 사례를 기억하고 있습니다.

그 교수는 아주 심한 혼돈 상태에 빠져 찾아왔습니다.
칼 융은 단지 400년 전의 책을 선반에서 꺼내
그의 환상을 그대로 묘사하고 있는
오랜 목판화를 그에게 보여 주었습니다.
“당신은 미치광이라고 자신을 생각할 이유가 전혀 없습니다.
당신의 그와 같은 환상은 400년 전부터 알려진 것입니다.”
교수는 정신이 나간 듯이 앉아 있다가 다시 정상으로 돌아갔습니다.

인간은 합리성이나 자신이 알고 있는 가치관에 의해
지배되어 살아가고 있다고 생각하고 있지만,
자신이 제어할 수 없는 어떤 ‘힘’에 의해
억압되어 있다는 것을 모르고 있다고 칼 융은 말합니다.

환상이나 환청을 경험하는 사람들이 많은 것으로 압니다.
영국의 시인 엘리엇은 다음과 같은 글을 남겼습니다.

“우리는 결코 탐험을 멈추지 않을 것이며,
모든 탐험의 끝은 우리가 출발한 곳에 도착해서
그 장소를 처음으로 알게 되는 것이다.”

이렇게 세상은 사차원의 세계로 진입하고 있습니다.
동양의 부처나 그리고 원불교에서
마음은 텅 비었다고도 하고 또는 빈틈없이 꽉 차 있다고도 합니다.

“어느 문제도 텅 빈 공간이 비어 있지 않다는 것보다 더 중요하지 않다.

그것은 가장 난폭한 물리학의 장소다." - 존 휠러 -

심리학에서 마음의 존재는 무의식입니다.
성인들은 이정표가 되어 말했지요.
불교에서는 부처가 되어야 한다고 하고
기독교는 신이 되어야 한다고 하고
원불교는 성자가 되어야 한다고 말합니다.

사차원의 세상에서는 모두가 도깨비방망이가 되어 찾아가야 해요.
갈등이 생길 때, 해가 떠오르듯 솟아오르는 말이 있습니다.
칼 융도 어느 순간 지혜는 솟아오른다고 말했죠.
이렇게 세상은 새로운 것을 맞이해야 할 준비가
필요하다는 생각입니다.

23

환상

추운 겨울 크리스마스를 앞둔 29살, 환상을 보았어요.
어쩌면 환상은 사차원 세상에서는
상징으로 인정받는 세상이 될 수도 있어요.
우리가 알 수 없는 환상의 세상은
이론이나 논리의 잣대로 들이댈 수 없는
바람 같은 존재예요.
영혼은 그것을 알고 있지 않을까요?
다만 세상에 드러내 놓을 만큼
무르익지 못한 것이 아닐까요?

사차원 세계로 진입하고 있는 세상에서
배 속의 아기는 이 문제를 해결해야 할
막중한 책임이 있는 영웅이에요.
세상을 다시 세워야 하는 책임자예요.
태아는 완벽한 인품을 지닌 절대자이니까요.
세상에 태어나면 하나하나 시작해 주세요.
사랑과 자비와 배려와 관심과 원만으로….

24

환청

여기저기서 환청을 들어요.
절대자님과 말하고 방언으로
세상은 늘 뛰고 있어요.
답을 들었다며 가슴속에 간직해요.
종잡을 수 없는 말속에 묻혀
저마다 믿고 내가 주인이라고 말해요.
그러나 말속에 숨어있는 진실을
믿지 않을 수 없네요.

보아도, 보아도 평화스러움
보아도, 보아도 마음을 공부하게 하는 채찍질
보아도, 보아도 절대자님의 따뜻한 빈 마음
보아도, 보아도 세상 사람을 사랑하는 부모의 따뜻한 마음.

환청은 사랑뿐이에요.
은혜의 나눔이에요.
하느님도 부처님도 알라님도

사랑이고, 자비, 원만입니다.
배 속의 아기도 완벽한 절대자입니다.
사랑입니다, 배려입니다, 관심입니다.

세상이 환청으로 옵니다.
가슴을 두 손으로 치듯이 환청으로 옵니다.

25

다 깨! 다 깨!

2019년 환청을 듣기 얼마 전이에요.
꿈같은데 꿈은 아니었어요.
식탁 옆 의자에 앉아 있는데
깊은 느낌이 다가오면서
조금… 멀리…
어둠 속에서
두렵지 않게 애절한 손짓이 느껴지면서

"다 깨! 다 깨!"

세상의 새로움에 대한!
간절함! 그리고 품격! 따뜻함!
아버지 …….

26

환상과 환청에 대한 단상

'무의식'의 칼 융은
우리는 자신이 제어할 수 없는
어떤 힘으로 가고 있다고 말하고,
'꿈'의 프로이트는
꿈이란 현실이 의식하지 못하는 억압된 모습을
상징으로 표현한다고 말하고,
현대 심리학 아들러는
심리학을 어느 시점에서는
다시 써야 할지도 모른다고 말합니다.

그러나 동양에서는 오래전부터
인과의 이치라는 진설로 알 수 있도록
마음을 다스리는 노력을 요구합니다.

절대자의 다른 모습은 정성이지요.
세상에 어지럽게 존재하는 환상과 환청을
다른 시각으로 바라보면서 정성으로 다가갈 때

사차원의 세상은
문을 활짝 열어줄 것이라 기대해 봅니다.
그리고 그곳에서 신과도 같고
부모 같기도 한 절대자님과 함께
영혼의 소망을
오손도손
"나도 잘살고 너도 잘살자"로
의논하고 싶습니다.

27

싸우지 말아요

"우리의 존재는 영혼입니다.
그것을 인정하고 사랑할 때 존재의 힘이 됩니다.
노력하셔야 합니다.
그것은 절대자의 힘이고
스스로 절대자가 되는 길입니다.
심연의 늪에 자신을 편안히 누이세요."

자연에 둘러싸인 남, 녀가
하늘에서 절대자님이 따로 있다며
냅다 소리 질러요. ㅋㅋ
그리고 나도 절대자가 될 수 있대요. ㅋㅋ

"스스로 절대자가 되는 길입니다"까지는
연로하고 품위가 있는 여자가 말하고요.
"심연의 늪에 자신을 편안히 누이세요"는
원로이신 머리가 흰 점잖은 남자분이세요.

어떤 나라는 이 순간에도 싸우고 있는데
성자이신 그분들을 부끄럽게 하지 마세요.
어디선가 절대자가 되기 위해 마음공부 하실 거예요.
세상을 무섭게 만들지 마세요.
사람을 무섭게 만들지 마세요.
예수님, 알라님의 사랑을
부끄럽게 하는 거예요.
제발 싸우지 마세요.
우리 서로 당신의 삶을
인정하면서 살아요.
조금씩 서로 다른 모습을 바라보며
원만하게 다가서서
심연의 늪에 편히 누이는
같이 가는 길에서 만나요.

28

영혼의 염원은?

영혼은 구름 같다.
그래서 기웃거리게 된다.

영혼은 인간의 육체가 가장 소중한가 봅니다.
살아 있는 육체를 통해 성장의 발판이 되겠지요.
귀찮게 구는 영혼에게 혼란스러워 자살해버리겠다고 강하게 말하세요.
다시는 귀찮게 하지 못할 것입니다.
영혼에게 인간의 자살은 모든 것을 잃어버리는 악인가 봅니다.
사람에게도 자살은 용서가 안 되는 가장 커다란 상처입니다.
그러기에 영혼은 인간의 육체에 염원이 있고 능력을 갖추고 있나 봅니다.

대수롭지 않게 부탁했는데
몇 개월을 새벽 4시 45분에 일어나, 하고 싶던 아침기도를 하게 하더니
6년 동안 기대하지 못했던 당수치가 정상으로 나오기도 합니다.
이건 기적이었습니다.

영혼의 기준은 육체의 정상 활동에 대한 각성인가 봅니다.

적절하고 납득할 만하고 건강을 유지할 수 있는
정신적, 육체적 당위성이 살아 있을 때입니다.
넘치거나 모자랄 때, 영혼은 자연같이 행동으로 옵니다.
알아차려야 합니다.
마음의 평화와 육체의 건강을 위해
스스로 시작해야 합니다.
자살은 인간이나 영혼에 씻을 수 없는 죄악입니다.
영혼이 신뢰하게 욕심을 조절하며 평화스럽게 살아가요.
그래서 4차원의 세상을 만들어 가요.

29

정성

정성은 절대자의 다른 이름일 것입니다.
뒤돌아보면 빈자리를 보이는 정성이지요.
그러기에 영혼을 인정하고 사랑하는 것이
존재의 힘이고, 절대자의 힘이며
정성은 스스로 절대자를 만드는
길이기도 할 것입니다.

심연의 늪에서 평화스러움을 만난다는 것은
고도의 정성을 요구하는 자세이고
완벽한 평화스러움을 향해 매달려야 하는
인간들의 숙제입니다.
정성만이 가능함을 향해 갈 것입니다.

30

통일

통일은 막혔던 삼팔선이 터지는 소리가 아니에요.
통일은 한 도시에 살고 있으면서도 만날 수 없어
통곡을 한, 만남의 장도 아니고
통일은 명절이면 고향으로 달리는 고속도로에서
밀리는 교통체증도 아닙니다.
통일은 세계를 놀라게 하는 우리 민족의
잠재력도 아니라고요.

보이지 않는 바이러스라고
보이지 않는 영혼이라고
그들의 집을, 그들의 행복을
마구 짓밟고, 무시하고
말 한마디 나눌 수도 없고
따뜻한 눈을 마주 볼 수도 없고 …
영혼은 밤이면 그리워 집을 나와
구천을 헤맵니다.

갈 길은 하나이고 모두입니다.
모두에서 힘들면 하나로 오고
하나에서 평화로우니
모두에서도 '좋은 생각'으로
행복을 찾아요.

모두 닫치고!
하나로 통일해요!

31

특별한 사람들

사람들은 무언가 잘하는 것이 있단다.
그리고 그것을 좋아하지.
과학을 좋아하고
미술을 좋아하고
글 쓰는 것을 좋아하고 ….

그런데 그런 것을 아주 특별하게
잘하는 사람들이 있단다.
열심히, 아니 더 열심히 해도
이길 수가 없는 사람들이 있지.
미술, 음악, 운동에서는
더 눈에 띄게 나타나지.

그런데 그 특별한 능력이 정말 내 것일까?
내 것이기에 내 마음대로 해도 되는 것일까?
그 능력은 누구인가 내게 선물로 준 것이 아닐까?
그 능력은 무엇을 기대하면서 소중하게 전달된 것은 아닐까?

그 능력은 누구인가 간절한 소망이 있어 담아 준 것이 아닐까?
무엇을 원하기에 심어 놓았을까?
그것을 통해 어디로 가고 싶었던 것일까?
그건 분명히 좋은 생각이기에
"나도 잘살고 너도 잘살자"는 소망일 것이다.
배 속의 아가야!
좋은 생각으로
같이 잘살자는 평화스러운 세상을 만들자.

32

배 속 아기의 영혼

7개월 된 여아가 말을 하는 영상이 카톡으로 왔군요.
세상은 서서히 다른 곳을 증거로 남기는구나.
배 속 아기 영혼일 때에 엄마와 많은 대화를 해서
뇌 안에 수많은 언어가 각인되었을 것입니다.

젊었을 적 이웃에 살던 젊은 엄마도
태어난 아기와 수 없는 대화를 하며 살고 있었습니다.
유아상담을 하는 전문가들은
아기와 많은 이야기를 하는 엄마가 가장 훌륭한 엄마라고 말하지요.

어느 날, 아기가 말을 하는데
"엄마!" "맘마!" "물!" 하는 단어가 아니라
"엄마! 물 좀 주세요." 하는
욕구의 표현이어서 깜짝 놀랐다고 하는군요.

배 속 아기의 뇌 안에서 엄마의 자극은
영혼을 세상과 연결하는 통로입니다.

33

엄마의 영혼

엄마의 영혼은 다른 세상에서도
늙은 딸이 걱정되는가 봐요.
고비 고비마다 꿈으로 찾아오세요.
마음 밝게 살라고
손을 잡고
푸른 바닷가로 데리고 갑니다.
은빛 모래사장은 보석같이 빛나고
비췻빛 바다는 마음에 살아 있어요.

엄마의 영혼은 멀리 있지 않고
항상 늙은 딸의 옆에 있나 봐요.
어찌할 줄 몰라 잠을 설칠 때에는
꿈속에서 불쑥 나타나
힘들어하지 말라고 도닥여 주세요.
"우리 착한 딸!"
하고 싶은 대로 하라고 힘을 주세요.
엄마의 영혼은 늙은 딸이 아기인가 봐요.

34

폭력

크리슈나무르티는『폭력으로부터의 해방』에서
이렇게 말했어요.

"왜 이 세상이 폭력으로 만연되어 있는가 하면
우리 자신이 인간으로서 폭력적이기 때문이다.
즉 우리가 살고 있는 이 사회는 우리 자신의
몸부림, 고통, 노력, 야만성의 결과이다.
따라서 우리에게 있어 가장 큰 문제는
자기 자신의 폭력성을 완전히 소멸시킬 수 있을까? 하는 물음이다."

배 속의 아가야!
절대자이기에 세상을 모두 알고 있는 아가야!
모든 것이 자연에 존재하고 있어, 먹고 살았는데
하루하루가 은혜와 감사임을 모르고 살아온
폭력의 야만성을 불쌍히 여겨 주십시오.

배 속의 아가야!

스스로 절대자의 길로 가는 아가야!

은혜와 감사를 알 수 있도록

길을 밝혀다오!

길을 밝혀다오!

길을 밝혀다오!

35

종교

종교의 한자 의미는 '으뜸 되는 가르침'
또는 '인간 삶의 근본 법도'라는 의미이며
'엄숙히 진행된 의례' 혹은 '신과 인간을 다시 결합시키는 것' 등의
뜻을 담고 있고
'이것'의 절대적 존재, 궁극적 진리 등에 대한 궁극적 관심을 의미한다.

난 내가 믿고 있었던 예수님, 부처님, 대종사님에게
한없는 신뢰의 감정이 있다.
평범한 인간에게서 만날 수 없는
깊은 성품을 느낄 수 있기 때문이다.

예수님은 "원수를 사랑하라"고 말씀하셨고
부처님은 "자비"를 말씀하셨고
대종사님은 "원만구족"을 말씀하셨다.
세 분 성자님의 말씀은 느낌이 다를 뿐
모두 같은 하나의 길이었다.

'원수를 사랑하라'와 '자비'는
포괄적이고 넓은 평화이고
'원만구족'은
현실적인 평화라는 생각이다.
종교는 자기 자신을 바라보면서
인간이 성장할 수 있는 가장 큰 공부이다.

지구 안의 모든 것은 하나라는 것을
종교를 통해서 개인, 국가가 긍정적으로
서로 사랑하고, 자비를 베풀고, 원만구족으로
해결할 수 있었다면 지금과 같은 세상은 되지 않았을 것이다.

"우리의 존재는 영혼입니다.
그것을 인정하고 사랑할 때 존재의 힘이 됩니다.
노력하셔야 합니다.
그것은 절대자의 힘이고 스스로 절대자를 만드는 길입니다.
심연의 늪에 자신을 편안히 누이세요."

2019년 여름에 들었던 환청이다.
새로운 세상을 만난 듯 볼수록 흥미로워진다.
2021년 지금, 3년을 집안 곳곳에 붙여 놓고 보고 있다.

이 글에서의 절대자님은 어떤가?
어떠한 상황에서도 절대복종해야 하는 신으로 다가오는가?
아니면 "절대자님도 잘살고 우리도 잘살자"로 다가오는가?

마치 좋은 부모같이 다독이며 용기를 주고 있다고 생각하는가?
친구에게 카톡으로 말하니 말도 안 된다고 한다.
절대자님이 신의 자리에서 인간으로 내려앉은 것 같아 불쾌한가 보다.
나는 오히려 따뜻하다.
손잡고 도란도란 이야기하는 것 같다.
인자한 신으로도 보이기도 하고, 그리운 부모님으로도 느껴진다.

“심연의 늪에 자신을 편안히 누이세요.”의 늪은
빠져나올 수 없는 죽음이 아닐까?
“편안히 누이세요”가 왜 행복할까?
죽음이 평화스럽다고 전해진다.
삶이 두렵지가 않아진다.
죽음의 세계가 그려지며 순간순간 기다리며 보고 싶어진다.
죽음과 영혼에 무언가 있다는 기대가 희망으로 바뀌게 된다.
생각에서 두려움과 공포로 존재하던 죽음이 짜릿한 희망으로 변했다.
죽음이 올 때는 조용히 평화스럽게 맞이하고 싶어
의자에 앉아 기도하면서 와 주기를 기대한다.

제2절 — 마음 태교

36

깨어있다는 것은

“우주에는
마치 지성을 갖추고 있는 것처럼 활동하는
하나의 권능이 있습니다.
우리가 자연의 힘을 발견했을 때를 생각해 보세요.
전기를 예로 들어보겠습니다.
그 힘은 발견된 이후에만 생겨난 것이
아니란 것을 알 것입니다.
항상 있었습니다.
전기는 우주에 항상 존재했습니다.
다시 말해 자연의 힘은 언제나 존재했지만
인류가 그 존재를 발견해서
이해했을 때에야 사용할 수 있었습니다.
이것이 모든 자연력에 해당하는 명백한 사실이라면
인간 내면의 내적이고 보다 정교한 힘에도
우린 같은 식의 기대를 할 수 있을 것입니다.
우린 내면에 존재하는 보다 정교한 힘이
인간을 통해 펼쳐지는 것을 진화라고 부릅니다.”

●● 참고문헌요약 _ 어니스트 홈즈, 『마음의 과학. 1』, 서른세개의 계단, 2013, pp.21~22.

깨어 있다는 것은 미래를 바라보는 방향이기도 하고
내 안에서 나를 찾아야 하는 방향이기도 합니다.
그리고 그 방향을 현실에 접목해서
스스로 진화해 나가는 것입니다.

미래의 방향은 과학자들이 알고 있었지요.
갈릴레이는 "지구는 돌고 있다"고 말하고
코페르니쿠스는 "지구는 둥글다"고 말했지요.
그러나 사회와 종교는 무려 400년이 지난 후에야
과학을 인정하는 오류를 범했지요.

과학은 서양이 발달했고
마음은 동양이 발달했습니다.
서양의 과학은 인간의 죽음이란
육체를 벗어놓는 과정이라고 100% 확인했고
우주는 텅 빈 것으로 보고 있으나
꽉 차 있는 물리학의 난폭한 장소라고 말합니다.

동양의 성인 성자는 마음이란 우주와 같아, 텅 비어있기도 하고
만물상같이 세상 모든 것이 꽉 차 있다고 합니다.
동양은 내면의 마음에 진화가 인간의 죽음을
전생, 후생, 금생으로도 말하면서
영혼이라는 존재를 암묵적으로 인정했으며

육체는 벗어버리는 껍질이라고 예로부터 말했습니다.

텅 빈 마음속은, 자연과 같아, 삶의 고통을 피할 수도 있었고
자연 속에서 전기나 석유 등 … 모든 것을 찾아, 먹고 살아왔듯이
자연 같은 마음 안에, 인간이 추구하는 어떤 존재가 살아있음을
우리는 기대해도 좋을 것입니다.
세상은 과학과 성인 성자들의 말씀이 맞아떨어짐에도
긍정적 행동으로 옮길 줄 모릅니다.
'지구는 둥글다'와 같이 400년쯤 지나야 알게 될까요?

깨어나서 코로나 바이러스 시대에 자연과 마음은 하나임을 알아차리는
맑고 새로운 세상으로 찾아가는 길목을 만나기를 기도합니다.

37

마음

※ 1995년경 충청도 중원에서 정다운 스님의 생활불교신문에 실렸던 손혜성 시인의 글.

인간의 마음은 욕망 속에 파묻혀 허우적거리며 살아가고 있습니다.
사랑하는 남편에게, 아내에게, 자식에게, 명예에, 권력에, 돈에,
끝없이 이어지는 삶의 파도 속에 쉴 틈도 없이….
인간이 만들어 놓은 문화 속에 갇히어 가슴 아파하기도 하고
때로는 어린애마냥 즐거워하기도 하고….
문화가 또는 도덕이 모든 것인 양 무섭도록 좌절하기도 합니다.
마음속에 수없이 자리 잡았던 분노하고 좌절하고
무섭도록 외롭기 조차한 그 모든 것들은,
마음속에 들어와 있기도 하고 나가 버리기도 하고
인간이 만들어 놓은 문화의 사슬이었고 욕망이기도 했고
슬그머니 빠져나가고 다른 것이 마음속에 들어와 있기도 합니다.

마음속은 마치 만물상같이 이것저것이 시도 때도 없이 들어와
흔들어놓기도 하고 뒤집어 놓기도 하고 야단법석을 하곤 합니다.
남편이(아내) 마음속에 들어와 가슴 아프게 하고,

자식이 마음속에 들어와 가슴 아프게 하고,
친구가 마음속에 들어와 가슴 아프게 하고,
내 이웃이 마음속에 들어와 가슴 아프게 하고,
그러나 아픈 마음이 줄곧 그렇게 자리 잡고 있지는 않습니다.
가슴 아픈 마음이 마음속에 자리 잡고 나를 꼭 붙들고 있다고 생각하지만
많은 시간은 다른 마음이 들어와서 놀다 가곤 합니다.

아름다운 꽃을 보고 꽃 생각을 하고
즐거운 음악 소리에 마음속의 상쾌함을 느끼기도 합니다.
그러니 남편(아내)이나 또는 내 몸을 빌려 낳은 자식도
마음은 완전한 자리를 내어놓고 있지는 않은 것입니다.
마음속에 있을 때는 남편이고 자식이지만
마음이 꽃 생각을 하고 있을 때에는 꽃 마음이지
남편, 자식의 마음이 아닌 것입니다.
마음속에는 꽃 생각 이외에
자식이나 남편이 있어야 할 자리는 털끝만치도 주지를 않습니다.
순간 마음은 꽃으로 가득 차 있었지
자식이나 남편은 마음속에서 완전히 나가 버렸습니다.

마음은 꽃이나 음악 소리에 파묻혀 내 몸을 빌려 낳은 자식도
마음속에서 언제 나갔는지조차도 모르고 있는 것입니다.
우리는 어리석게도 항상 마음속에
가두어 놓고 있는 것으로 착각을 하는 것입니다.
마음속에 들어와 있을 때에 비로소 남편이고 자식이지
마음에서 나갔을 때에는 마음은 다른 마음입니다.

그러니 몸을 빌려 피를 섞어 나눈 자식에 대한 간절한 마음은
어디로 갔습니까?
그토록 간절하던 마음이 마음 안에서 없어졌으면
다시는 마음속으로 들어올 수 없을 것 아닙니까?
그 간절했던 마음은 분명 어딘가 나가 있다가
다시 마음속으로 들어오기에
똑같은 무게의 간절한 마음을 다시 느낄 수 있는 것입니다.
그 마음이 있던 곳은 어디입니까?
다른 마음이 들어가 숨어있다 온 것도 아니고
마음이 간 곳이 내 눈에 확연히 보이는 것도 아니고….
그러나 분명 마음은 눈앞에 있었고
손끝에 닿는 곳에 있었을 터이니 도처에 마음이 있는 것입니다.
마음은 무수한 공간 속에 살아있음입니다.
그러니 마음이 빈 마음속에 들어올 때,
남편 마음도 되고 아내 마음도 되고 자식 마음도 되는 것입니다.

마음에 자식이 들어왔을 때에는
자식 마음은 무수한 공간 속으로 잠시 나갔을 뿐입니다.
그러니 육체 안에 존재하는 마음은
자식이 마음에 들어왔을 때는 자식 마음이고,
자식 마음이 밖으로 나갔을 때에는 자식 마음이 아닙니다.

자식 마음이기도 하고, 자식 마음이 아니기도 하고,
남편 마음이기도 하고, 남편 마음이 아니기도 하고,
친구 마음이기도 하고, 친구 마음이 아니기도 하고,

이웃 마음이기도 하고, 이웃 마음이 아니기도 하고,
마음의 오고 감을 알려고 하지 않는 우리는
마치 마음이 아픔의 구렁텅이에서 헤어나지 못하고 있는 것으로 알고
분노와 혼란의 가운데에서 갈피를 잡지 못하고
쩔쩔매며 발을 구르고 좌충우돌하면서 허덕이곤 합니다.

마음은 마치 전쟁터같이 이곳저곳에 살기를 뿜으며 허덕이며
많은 시간을 허비하고 문화에 가치관에 갇혀
모든 것을 내 것으로만 만들려고 발버둥 치고 있는 순간에도
마음은 꽃을 만나기도 하고 빈 마음이 되기도 하는데
밖으로 나가는 마음도 못 보고 가꿀 줄도 모르는 것입니다.
내가 가지고 있는 가치관마저도 내 것일 수 있고, 아닐 수도 있건만
아니 빈 마음속에는 어떤 문화가 들어왔다가 나갈 수도 있는데….
아니 인간이 만들어 놓은 문화와 지식이
내 마음속에 들어올 자리는 터럭만큼도 없는데….
문화와 가치관의 사슬에 묶여 죄인처럼 피를 철철 흘리면서
진실을 외면하고 있는 것입니다.

눈앞에 있는 문화와 지식은 많은 아픔을 만들어주고 있고
그 모든 것을 버려야 하는 진리를 찾아 걸어가야 할 것입니다.

38

배 속의 아기가 남자일까? 여자일까?

여자일까? 남자일까?
남자이든 여자이든 성자는 지각이 있는 태아란다.
이 세상을 평등하고 평화롭게 만들어 갈, 주인공이란다.
그러기 위해서는 먼저 여자와 남자라는
이분법적 틀에 갇혀 세상을 흔들지 말고
인간이라는 하나의 틀 속에서 시작하자.

세상은 하나이니까.

우주는 비었지만, 꽉 차 있고
세상은 생명으로 꽉 차 있지만
마음으로 비어있고

모두가 절대자가 되기 위해서
하나가 되자.
하나는 모두이니까.

39

일란성 쌍둥이

어두운 생각이 수시로 솟아올라 머릿속을 쥐어짜며 흔들고
먹은 것은 위 속을 돌아다니며 뜨끔뜨끔 찍어댑니다.

생각과 몸은 일란성 쌍둥이입니다.
그럴 때는 훌훌 털고 자연을 찾아요.
흙을 밟으며 녹색을 만나고 동면하듯 잠을 자기도 합니다.

어느 순간,
눈앞에 하늘 같은 마음이 펼쳐지며 주위가 밝아져요.
숨어있다 나온 듯, 다시 들어가 버릴 듯.

내가 자연이 되자.
삶이 자연이 되어 여유를 담아 주자.
한 번, 두 번, 세 번…, 수 없이 되풀이하자.

마음이 하늘이 되도록.

40

평화로움은 마음입니다

어떤 행복도 즐거움도 평화로움을 앞서지 못합니다.
생각으로 문화로 만들어진 인간이기에
하늘의 도구로 만들어진 평화로움을
앞설 수 없기 때문입니다.

평화로움을 마음에서 볼 수도 느낄 수도 있습니다.
인간이 현실에만 매달리지 않으면 말입니다.
문화와 관습과 습관, 현실이
모두라고 한다면 평화로움은 포기하십시오.

고통스러울 때 순간순간
평화스러움을 만나고 있음을
스스로 느낄 수 있다면
당신은 마음을 본 것입니다.
마음은 평화스러움을 보이면서
그 길이 진리임을 말하는 것입니다.

그리고 인간의 끊임없는 생각과
그 생각이 만들어 놓은 문화에 묶여 살지 말라고
평화스러움의 안식처를
잠깐, 보여주며 그 길을 찾아
자주 오라고 위로하는 것입니다.

그곳은 "나도 잘살고 너도 잘살자"는
가치를 추구하는 사람들의 집입니다.

41

분노

화가 나서 한 달을 잠을 잘 수 없었다고 합니다.
몇십 년이 된 분노도 같은 농도는 아니라도 솟아오릅니다.
분하고 억울한 마음이 순간 살아나지요.
때로 어떤 사람은 분노가 병으로 옮겨가기도 하고
어떤 사람은 마음 다스려 건강을 지키기도 합니다.

세상은 분노가, 폭언으로 폭력으로 전쟁으로
일탈로 나타납니다.
일탈이 긍정적으로 나타나는 것은
삶에서 좋은 방향으로 나타나지만
부정적으로 나타나는 것은 사회악으로 남아
세상을 어둡게 합니다.

분노가 세상을 만들고 나를 만들기도 합니다.
분노는 문화이고 습관이고 삶이기도 합니다.
세상은 이것들이 뒤엉켜 살아가지요.
그런데 그 분노가 봄눈 녹듯이 녹아내리는 곳들이 있어요.

그것은 맑음입니다.
아이들의 눈빛에도 있고
친구의 따뜻한 말속에도 있고
정성 들인 집 안에도 있고
청초한 민들레꽃에도 있고
푸른 소나무에도 있고
훈훈한 미담에도 있고
맑음은 평화스러움으로 만납니다.
그러나 사람들이 찾아가지는 않아요.
분노의 화살을 밖을 향해 마구 쏘아대면서
자기 안에서 손짓하는 맑음을 외면합니다.
아니 있는 줄도 몰라요.

"나를 보세요" 하고 두드리며
스스로 왔다가 가는 것도 모르고요.
맑음이 본질인 것도 모르고
그것을 키워야 함도 몰라요.
무엇으로 키워야 함은 더욱 모른다니까요.
그것은 분노가 적으로만 있기 때문이에요.
분노가 마음공부로 다가오면
평화가 보일 것입니다.

42

소유의 개념

소유한다는 생각으로는 아무것도 보이지 않아요.
아내(남편)를 소유하고
자식을 소유하고
돈을 소유하고
권력을 소유하고
자연을 소유하고
이웃을 소유하고
아랫사람을 소유하고
아마 사람들은 말도 안 되는 소리라고 할 수 있지요.
그러나 나를 들여다봅시다.
과연 그런가요?
어느 것 하나라도 포기할 수 있어요?
어느 것 하나라도 놓을 수 있어요?

놓을 수 있다면 다른 것이 보일 거예요.
다가오고 있는 발자국을 느낄 수 있을 것입니다.
마음의 평화로움을 소유에서 찾을 수 없다는 것을 느낄 것입니다.

소유의 개념에서 벗어나면 돼요.
세상은 먹고 살 만큼 발전했어요.

소유의 개념을 "나도 잘살고 너도 잘살자"로
바꾸어 놓으면 바람같이 사라질 거예요.
평화로운 마음은 푸른 하늘로 있어요.
때로는 먹구름과 천둥 번개가 찾아와도
하늘의 색은 푸르죠.

43

인간의 위대한 마음

사람 관계에서 그 사람의 말과 행동을 좇아가다 보면
미래가 보이기도 합니다.
말과 행동은 그 사람의 가치이기 때문입니다.
그러나 또는 그 말과 행동이
변화가 올 수도 있다는 위대함은 인간의 축복입니다.
그 위대함을 스스로 알아차린다는 것은 특별함이지요.

분노, 우울, 좌절에 묶여 있을 때
그것에서 벗어나고자 하는 노력을 시작하려고 한다면
그것은 인간의 위대함입니다.
내 안에 존재하고 있는 분노, 좌절, 우울을
두 눈 부릅뜨고 바라볼 때에
마음도 분노, 좌절, 우울을 만나게 될
길목을 알아차립니다.

마음 안에는 분노, 좌절, 우울이 없습니다.
그건 부정적인 문화나 습관이 가지고 온 폐기물입니다.

그러나 삶이 마치 전쟁 같다면
삶은 파괴로 다가올 것입니다.
그 파괴는 자신에게 먼저 다가옵니다.

모두를 포기하세요.
무조건 포기하세요.
다른 세상이 옵니다.
자신의 삶이 평화로워집니다.
그리고 암흑 같은 파괴 속에서 아주 작은 빛이 보입니다.
그건 마음 안에서 평화로 시작합니다.

나를 사랑한다는 것은
내 주위를 정성으로 맑게 느끼게 한다는 것
죽음도 새로운 세상을 만난다는 희망으로 채운다는 것
혼란스러움 속에서 길가의 반지꽃을 보고
순간, 행복을 느끼듯
마음은 평화로울 수도 있다는 확신
그리고 그 확신은 내가 찾아 나설 때
바람같이 찾아와 밝게 채워주며
일상으로 데리고 갑니다.

44

당신의 마음은 지금 어디에 있는가

마음이 어디에 있는지 들여다볼 수 있는가요.
추구하는 것, 하고 싶은 것, 지금 하는 것이 마음이라고 말한다면
마음을 모르는 사람이라고 할 수 있습니다.
마음은 좇을 수 없어 표현할 수 없고 알 수도 없습니다.
마음은 종횡무진 과거와 미래를 넘나들고
분노와 애증이 드나들며 순간순간 지내고 있다고 생각합니다.
당신은 순간순간 마음속으로 파고들어 오는 삶의 편린들을 느끼는가요.
삶이 행복해지고 싶으면 마음대로 오가는 마음을 느낄 수만 있어도
첫걸음은 성공했다고 생각할 수 있을 것입니다.

당신 마음이 밖으로 나가버렸음을 아는가요.
마음이 백지같이 때 묻지 않고 있음을 보았나요.
마치 깊은 산속의 풀꽃같이 청초한 모습으로 피어있음을 아는가요.
인간은 그러기에 누구나 위대하다고 말하는가 봅니다.
순수한 위대함이 마음속에 수시로 살아있기에
인간은 위대할 수 있는 존재인가 봅니다.
세상의 논리로 마음을 평가하지 마세요.

마음은 시도 때도 없이 시공을 초월하여 넘나들고
생명이 담긴 모습으로 나타나 묶어 두다가
흔적도 없이 사라져 자취를 감추어버리니
논리는 조각조각 기워놓은 언어의 장난이므로
언제든 무너지는 모래성이 될 것입니다.
책을 보고 있는 동안 마음은 나가기에 순간 눈은 장님이 되고,
일하고 있는데 마음은 들어와 옛날이야기를 풀어 놓고 있어
마음은 걸릴 것 없는 우주와 같아 던져 버리면 보이기 시작합니다.
미국에 어느 노숙자를 대상으로 실험을 했습니다.
재기할 수 있는 가능성이 있는 사람을 선택해서
평생 살아갈 수 있는 돈을 주고 살아보라고 했습니다.
몇 년 후 그 사람은 빈털터리가 되어
세상을 원망하며 노숙자가 가장 편하다고 말합니다.
3개월만 노숙자가 되어도
일 년을 잘 먹이고 훈련해야 사회에 적응한다는 말이 있습니다.
뼛속까지 녹아내린 습관이 목덜미를 잡고 놓아주지를 않는 것입니다.

마음을 들여다본다는 것은 우주를 들여다보는 것입니다.
마음은 만물상같이 마음대로 드나들어 때로 고통으로 얼룩지기도 합니다.
죽어갈 듯 탈진하면서 고통이, 온 마음을 차지한다고 생각합니다.
고통의 마음도 밖으로 나가 바람을 쐬고 오나 봅니다.
고통의 순간순간에도 마음에 환희가 들어와 놀다가 갑니다.
고통 속으로 순간 들어오는 환희를 많이 느낄 수 있고,
잡아 두는 것은 온전히 당신의 몫입니다.

45

내 자리를 찾지 못하는 마음

벼랑 끝에 매달린 소나무는 처절한 아름다움에 눈부시고
돌 틈에 뿌리내린 풀꽃은 햇볕에 기운을 얻어 당당하게 뿌리를 내리고
버림받은 남새밭 시금치는 종자만 매달고 있으며
공해에 찌든 소나무는 수 없는 솔방울을 매달고 자신을 지키고 있습니다.
그러나 인간은 벼랑 끝에 매달려서도
욕심을 놓지 못하고 내 자리가 어디인지 몰라 좌충우돌합니다.
문화가 만들어 놓은 자리에 넘어져 울어버리기도 합니다.

세상이 잘사는 것은 돈이 많아서도 힘이 있어서도 아니라
평화와 평등이 깨져 불화가 근본이 되어 망한다고 역사가들은 말하고 있으니 자연 같은 평화나, 평등을 추구하는 것이 삶의 근본인 것 같습니다.
평화와 평등은 깊은 곳을 지켜보며 서로 아우러져 원칙을 찾으려고 애를 쓰고 너와 내가 받아들일 수 있는 곳을 바라보는 절묘한 관계인 것 같습니다.
수많은 내 자리들은 순간순간 흔들리면서 갈 수밖에 없기에
마음을 들여다보는 것은 용서하는 길을 만나게 되니
내 자리를 찾지 못 하는 마음은 자연에서 배워서 함이 옳지 않겠습니까?

46

내 마음을 들여다본다는 것은

자연은 멈추어 있는 듯 변하고 있고
같은 모습에서 새롭게 다가오고
형언할 수 없는 평화로움입니다.
온몸의 동맥과 정맥도 활기를 찾아
피가 역류하듯 물 같이 흐르는
마음을 들여다보기 시작하면
두통이 사라지기도 하고
통증이 사라지기도 하고
걸음은 마음의 평화스러움에
발을 맞춰 가볍게 걸어갑니다.
내 안의 마음속에도
자연 같은 평화로움이 있습니다.
오래도록 그곳에 머물 수 있다면
그곳은 평등과 평화만이 존재하는 길입니다.

47

부정적인 문화, 관습, 습관

인간은 스스로 만들어 놓은 것에 갇혀
마음을 바라볼 줄 모른단다.
이제는 넘쳐흘러 갈 곳을 잃어버릴 만큼
또는 새로운 것만 찾아나서는…
등잔 밑은 어둠으로 있구나.

세상은 권력과 돈으로 사람을 만들기도 하고
사람의 눈을 손바닥으로 가리기도 하는구나.
답답해 가슴을 치다가 세상을 버리기도 하는…

아가! 절대자인 성자! 배 속의 아가야!
우리의 길은 "너도 잘살고 나도 잘살자"인데…
절대자인 아가야!
세상에 나올 때 마음을 활짝 보이자!
'보석 같은 마음을 세상에 깔아 주세요!'
잘못을 스스로 보고 고칠 수 있게.

48

환희

세 번의 환희(전주대. 상담 선생님의 표현)를 만났습니다.
첫 번째는 산에서 가을 들국화를 만나면서
두 번째는 시골집의 거실에서
세 번째는 남새밭에서 일하면서
환희는 한순간에 반짝이는 맑은 빛과 함께 일체감을 느끼는 것이지요.
순간 벼락같이 몸과 마음이 얼어붙듯이 오는 것입니다.

닐 도날드 월쉬는『신과 나눈 이야기』에서
"세상이 한순간 정지된 듯 수정같이 맑은 빛으로 다가온다는 것은
시간이 멈추어 버린 듯한, 반짝이는 광명이다."
닐 도날드는『신과 나눈 이야기』에서 환희를 이렇게 표현했고
그 느낌은 바로 내가 만난 순간이기도 했습니다.
"수정 같은 맑음과 순간으로 찾아오는 완벽한 평화,
번뜩이는 자각, 솟구쳐 오르는 영혼의 목소리,
이런 상황은 요정 지니를 병 속에 도로 집어넣으려 해도 되지 않는다.
더 알고 싶어 비틀거리며 찾아갈 뿐이다.
삶의 재미와 행복과 의미가 그곳에 있었다."

49

기도

길가에 잡초일지라도
생명으로 인정하고 사랑하시고
평등하게 바라보고 계신다는 믿음으로
행복을 찾아가고 평화를 만납니다.
인간의 역사가 만들어 놓은 불평등에 넘어져
문화 앞에 보잘것없었던 천덕꾸러기가
성자님들이 밝혀 놓으신 길을
넘어지고 잃어버리고 허둥대고
서러워 눈물 흘리며 가다가 보니
마음을 만났습니다.

미워할 것도 싫어할 것도
안타까워할 것도 그리워할 것도
손등을 뒤집어 보면 손바닥입니다.
그런데 마음 안에서 손등과 손바닥은
뒤죽박죽이 되기도 하여 구분이 어렵기도 합니다.
무작정 '택시 스톱' 하듯이

'마음 스톱' 하고 멈추고
비를 맞으며 길을 찾아갑니다.

마음이 산책길이기를 기도합니다.
추운 겨울에도 보일 듯 말 듯
꽃을 피우는 잡초같이
눈밭에서도 흔들리지 않게
기도하고 싶습니다.

50

용서

용서는 마음의 분노를 풀어내려고 노력하는 것입니다.
용서는 다른 사람을 평화스럽게 하는 것이 아니라
자신을 평화스럽게 만드는 것이고
그래서 평화스러움이 전이되기를 기원하는 것입니다.

용서는 상대의 분노가 보이면서
다가서기 힘들다고 느낄 수 있어
한 걸음 뒤로 물러서서 나를 사랑하는 것입니다.
용서를 들여다보면
분노와 우울이 사라지고 머리가 맑아지면서
마음 안에서 지혜가 솟아오릅니다.

용서는 끊임없이
자신을 성숙하게 만드는 요술 항아리이고
용서는 생각이
누구에게나 만족감을 줄 수 없다는 것을
알아차리는 것입니다.

51

핵

핵의 공식을 만들게 된 아인슈타인은
만일, 제4차 세계전쟁이 일어나면
그것은 돌로 싸우는 전쟁이라고 예언합니다.
제3차 세계전쟁은 핵전쟁이며, 지구는 멸망할 것이고
극소수의 생존자들끼리 원시시대로 돌아간다는 것이지요.

핵을 보유한 국가는
미국 1,797개, 러시아 1,582개, 프랑스 290개, 중국 250개, 영국 120개,
파키스탄 120개, 인도 110개, 이스라엘 110개, 북한 8개.

그런데 배 속의 아기는
'나도 잘살고, 너도 잘살자.'의 세상을 만들고 싶어요.
그것이 깊은 마음속, 우리의 소망이잖아요.

부모이신 절대자님!
배 속의 절대자 태아인 생명을 위해
아홉 나라의 핵을

서로 사이좋게
같이 만나서
말없이 조용히
아무 조건 없이
'좋은 생각'만 하도록
땅속 깊숙이 그림 같이
핵을 묻어 버리도록 해 주십시오.

아! '좋은 생각'!
배 속의 태아여!

52

거짓말

때로는 엄마가 거짓말 속에서
살아가고 있는 것 같구나.
꼭 이겨야 한다고
꼭 이겨야 된다고
거짓이 세상을 앞서가고 있구나.

성자! 우리 아가야!
성자는 거짓말이 없어지는 세상을 만들어야 한다.
사랑을 확인할 수 있는 거짓말만
살아남을 수 있는 세상을 만들어야 한단다.
'너도 잘살고 나도 잘살자'는 곳에는
상처를 감추고 있는 거짓말도 없어야 한단다.

사람이 꽃이 되고
사람이 소나무가 되고
사람이 자연이 되어 만나자.
평화스러운 자연이 되자.

53

긍정적 희망은 많을수록 좋다

미래의 꿈만큼 자신을 채찍질하는 것은 없지요.
미래였던 오늘, 하루를 희망으로 채운다면
그 얼마나 행복한가?

주변 정리부터
오천 보 걷기운동
이웃에게 미소 짓고 인사하기
희망이 아닌 것이 없다.

하루가 천년이 되고
하루가 만년이 되고
인생이 희망이 되어 걸어갑니다.
희망으로 다가오는 모든 것은
만인의 가슴을 뜨겁게 만들지요.
희망으로 보이지 않는 것이 슬픈 것입니다.

54

홍익인간

아가야! 우리 조상에 관해서 이야기할게.
어느 나라의 이념을 좋다 나쁘다고
말하는 것은 아니란다.
서로 다르듯이 장, 단점이 있으니까.
다만 우리 조상은 "세상을 널리 이롭게 하라"는
은혜를 선택했다는 차이란다.

이웃 나라인 일본은 '입굉일우'라는 국가 이념이지.
즉 모든 나라를 평정하여 한 나라를 세운다는 정복형이란다.
세상의 모든 나라가 정복, 투쟁이 바탕이 된 이념인데
우리나라만 유일하게 은혜를 선택한 나라였다는 것에
의미가 있단다.
그러다 보니 세상은 투쟁의 연속이었고
우리나라는 938번이 넘는 침략을 당하는
부끄러운 역사가 있단다.
그러나 "너도 잘살고 나도 잘살자"라는 세상에서는
우리나라의 국가이념이 눈부신 역할을 할 것으로 생각한다.

배 속의 아가야!

하늘의 뜻과 통하는 국가 이념에 박수를 보내자.

짝! 짝! 짝!

우리나라에서 태어나는 아가에게도 박수를 보내자.

짝! 짝! 짝!

55

아가 옷

오늘은 엄마가 아빠와 같이
우리 아가 옷을 사려고 한단다.
배 속 아가같이 맑고, 밝은 옷을 사려고 하는데
좀 도와줄 수 있겠니?
이모가 선물한 옷도 있지만
네가 좋아하는 옷을 사고 싶단다.

우리 영혼으로 대화하자.
말소리가 들리지 않아도 돼.
마음으로 이야기하는 거야.
아가와 엄마가 정신을 집중하고
평화스러운 마음으로 생각하는 거야.
가슴과 가슴으로 조용히 말하는 거야.
우리는 영혼으로 가까워지는 거야.

서로 좋아하고 싫어하는 느낌도 알 수 있어.
진실하게 다가와 신뢰할 수밖에 없는

조용한 느낌으로 마음 안에서 흔들지.
우리는 서로 알아, 무엇을 좋아하는지.
분홍색 꽃무늬 옷을 잡으니
아가는 기쁨의 신호를 보내지.
엄마는 아빠에게 옷을 주고
서로 미소를 짓는단다.
"우리 아가 옷이에요."

56

엄마가 부탁한다

성자! 우리 아가야!
이제 몇 달만 있으면 우리는 얼굴을 보고
처음으로 만나는구나.
엄마는 많이 기대가 된단다.
절대자가 되려는 사랑하는 성자 아가야!
세상을 평화롭게 만들려는 우리 아가야!

엄마가 부탁이 있다.
엄마는 내가 좋아하는 일을 하고 싶어 직장을 가지.
때로는 힘들기도 하지만 재미있어 열심히 한단다.
그런데 걱정이 있구나.
우리 성자가 태어나서
밤에 잠을 안 자고 울면 어쩌나 하고.
그러면 엄마도 잠을 못 자고
좋아하는 일도 잘 못 할 텐데.

저녁이 되면 7시에 잠들고

아침이 되면 7시에 일어나고
아가! 사랑하는 성자야!
엄마를 위해서 할 수 있겠니?
우리 아기도 푹 잘 수 있고
엄마도 푹 잘 수 있고
우리 아기도 잘살고
엄마도 잘살고.

57

남자, 여자

"사람들이란 존재하지 않는다.
다만 남자들과 여자들이
존재할 뿐이다."
존. 니컬슨의 '또 하나의 여성' 중에서 한 말이다.
세계 2차대전까지는 그렇게 살았다.

그러나 2차 대전, 영국은
전쟁 중에 남성이 없는 가정을
여성들이 훌륭하게 지켜온 자부심이
여성운동을 시작하는 계기가 되었단다.

심리학의 아버지 프로이트는
"여성은 성취감을 이룰 수 없다."라고
초기에 말했지만 여성은 성취감으로
자신을 돌아 볼 수 있었던 것이지.

배 속의 아기는

성취감도 이룰 수 있고 자신의 특성으로
하고 싶은 것을 할 수 있는
고귀한 존재란다.

남자 또는 여자는
사람이라는 특성의 일부이다.
남자 따로 여자 따로가 되어
이분법적 논리에 매몰될 수 없다.
다르되 같은 사람으로 하나이다.
남자, 여자로 둘로 보기보다는
하나로 보기 시작할 때
마음이 평화로워진다.
'나도 잘살고 너도 잘살자'는
같은 모습과 다른 모습을 찾아서
하나로 만드는 것이다.

같은 모습은 같이 하고
다른 모습은 서로 인정하고
사랑하는 것이다.
남자, 여자는 둘이되 하나이다.

58

돈의 자리

돈 많은 사람이 부러워요.
돈이 평화로움을 절대로 주지 못한다는 것 알지만
돈이 많으면서 적절하게 잘 쓰는 사람은 더 부러워요.
젊은 연예인들이 사회 어두운 곳을 돈으로
밝혀주는 것을 보면 참 아름답기조차 해요.
특별한 능력이 있어 돈이 있는 것은 하늘의 축복입니다.

돈이 별로 없으면서도 잘 쓰는 사람도 있고
돈이 많으면서도 잘못 쓰는 사람도 있어요.
아니, 돈을 벌기 위해 수단 방법 가리지 않는 사람이
많은 세상이라고 생각합니다.
인간의 존엄성이 돈으로 짓밟히기도 했지요.

돈이 없으면 없는 대로
돈이 있으면 있는 대로
'좋은 생각'으로
나도 잘살고 너도 잘살았으면 좋겠습니다.

59

나는 문화다

심리학에서는 마음에 해당하는 뇌의 활동이
행동으로 실행하는 뇌의 회로와
연결되는 법칙은 유전적으로
결정된다고 정의를 내렸습니다.
바꾸어 말하면 우리가 살아온
인간 개개인의 역사는 부모와 사회에서 받은
문화의 영향으로 결정된다는 이야기입니다.

우리는 유전이라고 말할 때
나의 몇 대 위의 조상만 생각하게 되기도 하지만
엄밀히 말해 한국에 살고 있는 나는
단군 할아버지라는 시조가 우리나라 사람들의
정신적인 또는 육체적인 조상임을 부인할 수 없고
유전적인 결정이 그곳에서부터
이어져 오고 있다고 알아야 합니다.

흔히 유전적인 표현을

육체적인 질병에 한계를 두고 표현하지만
인간의 마음에 자리 잡고 있는
문화적인 요소들도 사회 구석구석에다
질병보다도 더 고약스러운
폭력, 살인, 기타 우리가 배척해야 할
여러 가지 요인들을 만들어
인간 자신을 괴롭히고 있는 것은 틀림없지요.

세계 2차대전 이전까지만 해도
동서양을 막론하고 여자는 순종하고
여자다워야 한다는 개념 아래
모든 여성이 참여했고
그 당시 그 문화는 누구도
거역할 수도 하지도 않는 너무도 정당한 모습을 하고
여성들을 끌어가고 있었지만
지금의 여성인 우리는 그 반대의 입장에 서서
여성문화를 규탄하고 있기도 합니다.

선사시대 이후 산업사회로 접어들면서
우리는 농경문화의 시작에서부터
헤아릴 수 없는 여러 가지 문화의 종류들을 선택했고
그리고 또다시 뒤집어 버리고 새로운 문화를 선택하는 과정을
지금까지 되풀이하고 있고 앞으로도 그렇게 갈 것입니다.

궁극적으로는 좀 더 나은 세상을 만들어 보려는

인간들의 노력이었고 끝없는 시행착오를 되풀이하기도 하는
그런 문화들은 우리 인간이 동물과는 다른 지각이 있기 때문입니다.
그런데 그 지각이라는 것이 때로는 동물 같은 작용을 합니다.
어떤 문화이건 인간은 받아들이고 난 다음에는
완전무결한 자신의 것으로 만들어 버리고 마는 속성이 있습니다.

1860년 초반까지 가족의 역사는 오랜 옛날부터
일부일처제의 가족 형태에서 신이 이브에게 말씀하시길
"너는 남편을 공경하고 그는 너를 다스릴 것이다."라는
남편이 아내를 지배하는 이른바 남성 중심의 결혼 형태
즉 부권적 가족 관계가 바로 신의 뜻이라는 것이
당연하게 받아들여졌습니다.

이 원칙은 남자나 여자를 막론하고 선사시대 이후
산업사회를 가기 시작하던 1860년까지 이어져 내려온
확고부동한 결혼문화였습니다.
이런 사고방식이 강하게 지배하고 있었던 19세기 중엽에
한 영국의 생물학자가 세상을 깜짝 놀라게 한 이론을
인류에 선사했습니다.
찰스 다윈은 『종의 기원』이라는 책에서 인류에 이르는
동물의 진화과정을 체계적으로 설명하였습니다.
그것은 신이라는 가족 형태와 신에 의해 만들어졌다는
인간의 우월함에 찬물을 끼얹어버린 엄청난 놀라움이었습니다.

다윈은 '인간의 유래'라는 항목에서 다음과 같이 말했습니다.

"이렇게 많은 증거가 있으므로 인류와 다른 동물이 공통의 것에서부터 진화한 것임을 인정하지 않을 수 없다. 인류와 그 외의 포유류가 지닌 체질이나 발육을 잘 아는 생물학자들조차 인류와 동물이 각각 별개로 창조되었다고 믿었던 사실이 실제로 불가사의한 것이나 놀라운 시대가 온 것이었다."

다윈의 진화론은 인류 창조의 비밀을 파헤쳤을 뿐만 아니라 결혼 형태와 가족구조의 전통적 사고방식을 붕괴시키고 말았습니다. 동물에서 진화되어 가면서 인간의 모습으로 변했다면 분명 선사시대의 남성과 여성은 동물의 모습과 행동을 같이했으리라는 것을 의심할 수 있습니다. 그것이 산업사회가 시작되면서 여성은 집 안에 머물러 아기를 낳고 살림만 하기 시작했고 남성은 밖으로 나가 사회생활을 하면서 남자에 예속되기 시작했습니다. 선사시대인 혼교나 난교 시절에 일부일처제로 정착화되는 과정에서 남성은 많은 것을 우선권으로 하고 있었음을 역사의 흔적에서 느낄 수 있었습니다.

선사시대의 난교나 혼교가 우리 인간에게 여러 가지의 부작용을 초래했음은 뻔한 일이고 더구나 산업사회화 되면서 일부일처제로 발달해 가는 단계를 모르간은 명쾌하게 설명했습니다. 그런데 일부일처제가 남자의 필요성에서가 아니라 여자 자신들인 아내의 요구에서 시작되었다고 지적합니다.

모계사회였다는 선사시대에서 넘어가면서
여성은 일부일체제의 결혼을 요구했고
그것은 점차 남성들에 의해 자연스럽게
여성의 억압 형태로 이어질 수도 있었을 것입니다.
임신과 출산을 계속해야 하는 여성이
산업사회에 참여해 경제적인 자립을 하기에는
여러 가지로 어려웠을 것입니다.
아니 그때 우리 여성은 임신과 출산이라는 공포(?)에 눌리고
사회적인 여러 가지의 여건들이 일부일처제라는 제도를
수용할 수밖에 없었습니다.

종교나 여러 가지의 문화적인 요소들은
그것을 받아들여야 하는 성숙도가 이루어져 있을 때에
수용되는 것이라는 것이 역사가 증명하고 있듯이
난교나 혼교는 조정되어야 한다는 성숙도가
그 시절 있었을 것은 분명합니다.
다만 일부일처 제도로 오면서 왜 공평한 처사가
남자와 여자에게 이루어지지 않고
가부장 제도에서 여성이 억압된 문화 속에서
살아야 했는지는 아직 의문 속에 잠겨 있습니다.

인류 진화 역사의 베일을 벗기기 시작한 초기의 바호펜은
고대 저술가들의 기술을 근거로 가부장 제도의 변혁에
여성들이 강력하게 싸운 투쟁의 증거를
아마존 국의 전설에서 찾고 있습니다.

점차 남성이 지배하자 여성은 공적존재로서
지위를 모두 잃고 모든 지도력을 빼앗기고
남성들은 여성에게 결혼의 순결을 강요하였으면서도
남성들은 지키지 않았습니다.

고대의 모든 종족들은 결혼의 순결을 깨트린 여자를
죽이거나 노예로 만들어 버렸습니다.
국가 질서란 대립적인 갈등으로 서로 투쟁을 하게 되는 것은
불가피하게 되고, 여자를 억압해야 하는 것은
어쩌면 그 시대에 절대적으로 필요했을지도 모르겠습니다.
모계사회가 주축이었던 그 시대에
일부일처제를 요구했던 여성이
남자에게 억압되는 것을 기본으로 하는
일부일처제는 원하지 않았음이 분명합니다.
어쩌면 그때부터 여성은 일부일처제란 용어와 같이
남자와 여자가 공존하면서 형평을 잃지 않는
권리를 요구했을 것입니다.

고대 모권시대에는 성문화된 법률도 없었고
모든 것이 단순하고 신성시되어 있었습니다.
산업사회로 넘어가면서 일부일처제와 함께
성에 대한 법이 필수적으로 필요하게 되었고
법률이 사회에 대하여 갖는 중요성 때문에
절대적으로 필요하게 되었고 이것을 근거로 하여
현대까지 영향력을 미치고 있는 로마법이 만들어진 것입니다.

로마법이 만들어진 로마제국을 건설한 라틴족은
모권제를 벗어나 산업사회에서 여성은 로마법에 의해
재산을 상속받을 권리를 박탈당했고
사회는 가부장 제도로서 일부일처제란
기묘한 모습을 하게 되고 말았습니다.
시대에 따라 때로는 여성들이 자유로웠던
시절이 있기는 했지만 어디까지나
가부장 제도에 근거를 둔 자유였지 남성과 여성을
같은 맥락 안에 놓고 형평을 유지한 그런 시대는 지금껏
존재하지 않았습니다.

구약의 십계에서 9계를 보면
아내는 하인이나 가축 등과 마찬가지일 뿐입니다.
남자는 이웃의 처, 이웃의 남종, 여종, 소, 나귀 등
이웃 소유인 모든 것을 탐내면 안 된다고 경고합니다.
결국 여성은 물건이며 소유의 일부분이므로
타인에게 소속되어 있어 결코 탐하는 마음을
먹지 말아야 한다는 것입니다.

모계사회로 인정을 받고 있었던 그 시절
여자들이 일부일처제를 요구하였다는 것은
산업사회로 넘어오면서 여성들이 투쟁한 흔적으로
일부일처제의 민주적인 체제를 위해 끝까지 투쟁하였다면
지금쯤 우리는 공평한 체제 위에서
많은 것을 누리고 살지 않았을까 하는 생각을 해 봅니다.

문화는 뼛속까지 녹아내리게 하는 마법을 지니고 있었습니다.

마치 본능같이 문화는 정신연령을 점령하고 있다가
때로 한순간에 무너져 내리기도 합니다.
일부일처제는 여자에 국한되었지
남자들에게는 난교나 혼교가 다른 양상으로 발전되었음을 알 수 있습니다.
우리는 선사시대부터 이미 남자와 여자의
피비린내 나는 투쟁을 지금껏 계속해 오고 있었던 것입니다.
그러나 그 투쟁은 도무지 저항할 수 없는 억압된 투쟁이어서
여자들은 정서불안 내지 정신질환으로 많은 시달림을 받아 오곤 했습니다.

성 역할을 방치한 남자 쪽이나 성 역할을 억압한 여자 쪽이나
문화는 적어도 성 역할에서 실패작임을 인정해야 할 것입니다.
다행한 일은 남성학 쪽에서 남성도 피해의 대상임을 알리는
외로운 작업을 하고 있다는 것입니다.

우리 인간들은 같은 모습으로 나왔지만 사람 사이의 한계는
같은 집에서 살아온 부모 자식 사이에도 괴리가 있음을 보듯이
남녀 간의 괴리는 우리가 상상하기 어려운 지경임은 틀림없다고 생각합니다.
심리학자인 칼 융은 인간의 무의식을 알 때
세상의 문제를 많이 파악하게 될 것이라고 했습니다.
남녀 간의 괴리가 무의식으로 어떻게 나타나고 있나 살펴볼 때,
우리는 더 쉽게 갈등, 분노, 폭력의 양상들을 보게 될 것입니다.

인류학자인 마아가렛 미드는 아프리카의 사모아인을 대상으로

20여 년간 연구한 논문으로 남녀의 차이는
문화에서 온 것임을 확실하게 증명해 낸 사람입니다.

첫 번째 부락은 대부분의 남자들이 밖으로 나가
먹을 것을 만들어 오는 가부장적 제도였고,
여자들은 집안에서 살림하고 아기 낳고
남자 위주로 생활하는 부락이었습니다.
그 부락은 남자는 폭력적이고 공격적이었으며 여자는 수동적이었습니다.

두 번째 부락은 거꾸로 여자가 밖으로 나가 먹을 것을 만들어오고
남자는 집에서 살림을 하고 아기를 보고 있었습니다.
그랬더니 그 부락은 남자가 여자에게 애교도 피우고 있었고
여자는 거칠고 폭력적인 양상을 보였다고 합니다.

세 번째 부락은 여자나 남자나 둘이 밖으로 나가
먹을 것을 구해오기도 하고, 또는 집 안에서 애기도 같이 보고
살림도 같이하면서 무엇이든지 같이하는 부락이었습니다.
그 부락은 폭력적이지도 않고 모든 것을 공동으로
자연스럽게 하고 있었으며
어느 쪽도 남녀의 특성을 보이지 않았다고 합니다.

인간이 양성성 즉 남성 안에 여성의 특성이 있고
여성 안에 남성의 특성이 있어 그 특성을 자연스럽게 발휘할 때
인간은 폭력적이지 않고 자신의 능력을 모두 드러내놓고 살아간다고
심리학자 산드라 벰(Sandra Bem)은 1970년대 심리검사로 증명했습니다.

자신의 기질을 자연스럽게 노출할 때
인간은 행복하고 안정되지만 그것이 억압될 때
무의식이라는 것은 행동으로 불편함을 노출시킬 수밖에 없는 것입니다.
환상과 환청도 꿈과 같이 무의식의 불편함에 대한 표현일 것입니다.

- **마아가렛 미드[1919~1978]** : 문화는 사회나 소집단의 학습된 행동임을 증명하고 문화의 다양성으로 인류학을 대중적인 학문으로 발전시켰으며 남성과 여성의 역할이 학습된 행동임을 증명함.
- **양성성** : 심리학자 Sandra Bem은 1970년대 남성성과 여성성은 서로 모순되는 것이 아니라 이 두 특성이 한 사람 안에 공존할 수 있으며 다양한 형태로 이루어질 수 있음을 밝힘.

60

존댓말

존댓말은 일본과 우리나라에 존재하는 말입니다.
일본은 왕의 존재감으로 존댓말이 까다롭고
중국, 서구의 존댓말은 특수한 약간의 정도이지요.
우리나라는 효의 개념이 강한 언어적인 특징으로
존댓말을 고대부터 해온 것으로 평가되고 있습니다.

두 아들이 말을 하기 시작할 무렵
반말이 불편해 존댓말을 시작했습니다.
엄마가 존댓말을 잊고 반말을 하니
아이들은 곧바로 따라 한다는 것입니다.
사춘기가 넘어 고등학교에 다닐 무렵까지
계속되는 투쟁 아닌 투쟁이었습니다.

언젠가 방송국에 글로 보냈더니
아나운서가 앙증스럽다고 말을 하더군요.
아이들은 오히려 거칠지 않습니다.
어른이 된 두 아들의 말은

거의 존댓말을 자연스럽게 합니다.
아이들이 배 속에 있을 때도
부모가 존댓말로 많은 대화를 한다면
자연스럽고 안정된 존댓말로
말을 시작할 것이라는 확신이 있습니다.

61

힘이 들 땐 진실이 길이다

꽃이 피면 나비와 벌이 찾아와
그림같이 날아다니며 도와준다.
씨 뿌린 곳도 농부의 땀방울만큼 보답한다.

진실이기에 말은, 같은 길목에 있고
진실이기에 한 방향을 바라볼 수도 있고
진실이기에 마음이 평화롭다.
진실이기에 두려운 것이 없어
진실이기에 비난 비판을 해도
힘이 들 땐 더욱더
진실이 길이 되었다.

62

대화

성자가 세상에 태어났을 때 많은 대화를 하면서 살아가고 싶단다.
엄마가 성자의 마음을 알지 못할까 봐 걱정이 되기도 한단다.
성자일 때 많이 이야기하자.
엄마는 성자일 때 모든 것을 받아들일 수 있고
세상 이야기로 생각의 폭을 넓혀 주어야 한다고 생각한다.

엄마의 대화는 성자의 뇌 회로에 긍정적 영향을 미치면서
태어나면 빨리 세상을 받아들이게 되고
긍정적으로 선택하면서 시작한다는 생각이다.

성자가 배가 고픈 것을 어떻게 빨리 알까?
몸이 아픈 것을 어떻게 빨리 알까?
기저귀가 친친한 것을 어떻게 빨리 알까?
엄마의 이야기를 듣고 싶을 때 어떻게 빨리 알까?
성자도 알려줄 수 있겠니?
우리 영혼으로 마음을 알기로 하자.
엄마와 같이 노력하자.

63

일

엄마는 일이 생활이고 놀이터란다.
아가도 배 속이 재미있는 놀이터가 되어라.
아침이면 창문을 활짝 열고 청소부터 시작하지.
매일 해도 기분이 상쾌하구나.
집 안이 나름대로 정리되어 있다는 것은
평화스러움과도 통한단다.
밖에 나갔다가 들어올 때
집 안이 정돈된 느낌이면 평화스럽고 행복하지.
사람 관계도, 집 안 정리도, 나를 가꾸는 것도
모든 것에 평화스러움에 기준을 둔다.
잘 안 돼서 안타까울 때도 있단다.
그럴 때는 포기하자.
평화로움을 위해서.

평화롭다는 것은 혼자이기도 하니까.

64

적당한 거리

사람 관계가 좋아서 푹 빠지거나
서로 싫어서 으르렁대고 싸우거나
둘 다 좋은 것은 아니구나.
가까울수록 잘 보이기 시작하기에
적당한 거리가 필요하다고 본다.

형제도 성품이 많이 다르기에
서로 날카롭게 드러나는 곳은
조심하면서 접근할 필요가 있지.
한 발 뒤로 물러나는 것은
서로 들여다볼 수 있으니까.

성자야!
긍정적으로 성장하는 사람이 되자.
아주 작은 것에서 시작하는 거야.
발길질할 때 힘차게 할 수 있고
엄마가 깜짝 놀라지 않게 하고

그것도 적당한 거리란다.

성자도 좋고

엄마도 좋고.

65

여성 국회의원 50%

백합꽃과 나리꽃이 어우러진 꽃다발을
서울 여의도 국회 의사당 앞에 놓겠습니다.
세상의 반은 여성, 반은 남성인 세상에서
국회 안의 여성의 모습은 그리움을 넘어
처절함입니다

나리꽃 같은 남성과
백합꽃 같은 여성이
50%씩 있다면
제가 지금 꿈을 꾸고 있는 것이지요?
남성 여러분 !
여러분의 노고가 없으면 갈 수 없는 길입니다.
"너도 잘살고 나도 잘살자"가
마음에 담겨 있어 성큼성큼 걸어갈 때에
쉽게 다가올 것입니다.

66

신생아에 대한 엄청난 폭력

태아가 태중에 있을 때에는
맥박이 뛰고 혈류가 흐르는 소리를 들으며
자궁이라는 따뜻한 보금자리에 있다가 모체 밖으로 나올 수 없는 상황에서
출산의 큰 고통을 겪었고
허허한 공간에 홀로 놓인 듯한 공포에 싸여있다.
1. 신생아를 거꾸로 들고 때리는 행위
2. 산모와 접촉을 시키지 않고 오랫동안 격리시키는 것
3. 주위가 소란하고 목욕 등을 시킬 때 함부로 다루는 것
4. 끈끈한 윤기로 맺어진 엄마와의 접촉은 안 시킨다.

신생아는 하나의 인격체이다.
나약한 인격체이기에 다 조심하여 다루어야 하고
깊은 사랑으로 대하여야 한다.
따뜻한 보호 속에 탄생하게 해야 하며
온 가족의 환영 속에 탄생하도록 해야 한다.

●● 참고문헌요약 _ 이광정, 『태아교육』, 도서출판동남풍, 1993, pp.39~40.

67

포대기

포대기를 사용하는 몇몇 미국 가정을 방문했을 때
아이를 자주 안아주고, 항상 업고 다니고
함께 잔다는 것을 주위에 알렸을 때
아이의 독립성 때문에 모든 사람이 말렸다고 한다.
한 번은 70세 할머니가
"지금 뭐 하고 다니는 거냐?"라고
소리를 질렀다고 한다.

그러나 그렇게 자란 아들은 굉장히 외향적 성격이며
학교에서 줄곧 리더 역할을 하고 있고
전혀 의존적이지 않다고 한다.

아빠 등에 업힌 아이는
그의 등에 바짝 붙어서 고개를 대고
손은 그의 몸을 감싼다. 밀착된 상태이다.
등으로 느껴지는 아이의 체온이
자신과 아이에게 안정감을 준다.

시끄러운 거리에서 등에 업힌 아이가
귀에 대고 참새처럼 속달거릴 때의 행복감은
이루 말할 수 없다고 한다.
아이와 자신이 둘만의 끈으로 연결되는 느낌이다.
포대기는 남다른 친밀감의 역할을 하고 있었다.

●● 참고문헌요약 _ 김광호·조미진, 『오래된 미래 전통육아의 비밀』(EBS다큐프라임), 라이온북스, 2012, p.52, p.55.

68

자주 하면 좋은 말(작자 미상)

1. 상대의 걷잡을 수 없는 화를 가라앉히는 말 - 미안해

2. 겸손한 인격의 탑을 쌓는 말 - 고마워

3. 상대의 어깨를 으쓱하게 하는 말 - 잘했어

5. 존재감을 쑥쑥 키워 주는 말 - 당신이 최고야

6. 상대의 기분을 '업'시키는 말 - 오늘 아주 멋져 보여

7. 더 나은 결과를 이끌어 내는 말 - 네 생각은 어때?

8. 든든한 위로의 말 - 내가 뭐 도울 일 없어?

9. 상대의 자신감을 하늘로 치솟게 하는 말 - 어떻게 그런 생각을 다 했어?

10. 열정을 샘솟게 하는 말 - 나이는 숫자에 불과해

11. 상대의 능력을 200% 이끌어 내는 말 - 당신을 믿어

12. 점처럼 작아지는 용기를 크게 키우는 말 - 넌 할 수 있어

13. 부적보다 큰 힘이 되는 말 - 널 위해 기도할게

14. 충고보다 효과적인 공감의 말 - 잘되지 않을 때도 있어

15. 돈 한 푼 들이지 않고 호감을 사는 말
   - 당신과 함께 있으면 기분이 좋아져

16. 자녀의 앞날을 빛나게 하는 말 - 네가 참 자랑스러워

17. 반복되는 일상에 새로운 희망을 선사하는 말 - 첫 마음으로 살아가자

18. 환상의 짝꿍을 얻을 수 있는 말 - 우리는 천생연분이야
19. 다시 일어설 수 있는 힘을 주는 말 - 괜찮아 잘 될거야
20. 상대의 가슴을 설레게 하는 말 - 보고 싶었어
21. 배우자에게 사는 보람을 주는 말 - 난 당신밖에 없어
22. 상대를 특별한 사람으로 만들어 주는 말 - 역시 넌 달라
23. 상대의 지친 마음을 어루만져 주는 말 - 그동안 고생 많았어
24. 인생의 새로운 즐거움에 눈뜨게 해 주는 말 - 한번 해 볼까?
25. 백 번, 천 번, 만 번을 들어도 기분 좋은 말 - 사랑해

●● 참고문헌요약 _ 공응경, 『공응경 박사의 마음태교』, 정진출판사, 2014, pp.124~125.

제3절 — 자연 태교

69

가장 즐거운 태교 방법

가장 즐거운 태교 방법은 아름다운 자연을 찾아 나서는 것이 아닐까?
신선한 공기가 있는 아름다운 숲속에서의 삼림욕은
엄마의 신체를 건강하게 해주어 각종 질병에도 효과가 있다.

울창한 나무숲에는 '피톤치드'라는 물질과 송진향이 나온다.
피톤치드는 나무가 자라는 과정에서 자신을 보호하려고 내뿜는 물질로
초여름부터 가을에 많이 발산된다.
피톤치드가 사람의 피부에 닿으면
몸과 마음이 맑아지고 살균 효과도 있어 질병 예방에 도움이 된다.
송진향은 비염이나 호흡 기능에 좋다.

태아를 위해 신선한 공기를 마셔야 하므로 집주변의 공원이나
나무가 많은 산 등을 찾아 숲속에서 오감으로 느끼는
자연 친화적인 태교를 실천하는 것도
엄마와 태아의 건강과 정서에 도움이 될 것이다.

●● 참고문헌요약 _ 신매희, 『사랑의 소리 태교이야기』, 사곰(한양대학교출판부), 2003, p.201.

70

자연을 사랑하는 사람들

공동생활을 통해 단순한 삶을 추구하고 있는 폴 레이와 쉐리 앤더슨이 조사한 결과 단순하고 마음 편한 인생을 살려는 사람이 미국과 캐나다에만 5,000만 명, 유럽에는 약 9,000만 명이 있다고 추정했다. 생각이 다르다는 이유로 외계인 취급을 당한다면 엄청나게 많은 외계인이 있는 셈이다.

우리는 새로운 문화를 창조하려고 한다. 고립된 소수가 아니라 독립된 다수로 함께 배우고 함께 일하며 새로운 문화를 창조하고자 한다.

새로운 문화의 가치관에서는 사회적 지위의 향상, 부의 축적이 성공의 기준이 아니라, 자기실현과 사회적 양심, 지구에 사는 생명을 위해 새로운 미래를 창조하는 것이 성공의 잣대가 되어야 한다.

한마디로 말하면 단순하고 소박한 생활이다. 자신이 새로운 문화의 가치관을 갖고 있는지에 대해 알고 싶다면 다음 리스트를 체크해 보자.

1. 자연을 사랑하며 자연 파괴를 걱정한다.
2. 지구 온난화, 열대림 파괴, 인구 과잉, 환경의 복원력 훼손.
   저개발 국가에서의 노동력 착취 등의 문제에 관심이 많다.
   경제성장을 늦추더라도 환경 파괴를 막아야 한다.

3. 환경보호, 지구 온난화 방지를 위해서라면 세금을 더 낼 용의가 있다.
4. 환경 보호 모임에 참석하거나 관계를 맺고 환경 보호 운동을 발전시키는데 관심이 있다.
5. 다른 사람을 돕는 일에 우선순위를 둔다.
6. 좋은 취지의 캠페인에 자발적으로 참여한다.
7. 심리적 안정과 정신적 안정에 관심이 많다.
8. 종교와 영성은 중요하다. 정치적으로 종교적 권리에 관해 관심이 있다.
9. 직장에서 남녀평등은 중요하다. 정계, 기업에서 더 많은 여성 지도자를 배출해야 한다.
10. 여성 학대 및 아동 폭력에 관심이 있다.
11. 정부와 정치인은 아동 교육과 웰빙에 힘써야 한다.
    이웃과의 신뢰 구축, 친환경적 미래 창조에 역점을 둬야 한다.
12. 정치적 입장은 좌파도 우파도 아니다. 그렇다고 불투명한 중도 역시 아니다. 새로운 정치 입장을 찾고 있다.
13. 미래를 낙관적으로 본다. 냉소적이며 비관적 뉴스를 믿지 않는다.
14. 새롭고 보다 나은 삶을 창조하는 데 기여하고 싶다.
15. 영리적인 목적이 있더라도 기업의 규모를 축소하는 일과 환경개선, 저개발국 지원 업무에 관심이 있다.
16. 돈 씀씀이를 꼼꼼히 관리한다. 과소비에는 관심 없다.
17. 현대 사회가 강조하는 성공, 업적, 재산, 사치품 등이 싫다.
18. 이국적이고 독특한 것이 좋다. 외국에서 살아보고 싶다.

위의 질문에 대한 대답이 대부분 '그렇다'라면 여러분은 평화롭고 안정적이며 동시에 새로운 세상을 만들고 싶어 하는 사람이다.

현재 우리가 살고 있는 소란스럽고 위험하고 공평하지 않으며 환경을 파괴하는 불안정한 세상을 바꾸고 싶은 수많은 사람 중의 한 명이다.

●● 참고문헌요약 _ 마리안 반 아이크 맥케인, 윤덕노 역자, 『생각을 바꾸면 즐거운 인생이 시작된다』, 함께가는길, 2006, p.210, p.212.

생태계를 구성하는 존재들이 큰 변화 없이 삶을 이어 가면 자연 생태계는 먹이연쇄, 물질 순환, 에너지의 흐름이 자연스럽게 이루어진다. 그러나 자연재해와 무분별한 파괴 행위가 이어지면, 생태계는 본래의 기능을 잃어버리고 황폐해지기 시작한다. 이른바 생태계의 파괴 현상이 진행되는 것이다. 이곳저곳에서 생태계의 파괴신호가 나오고 있는 것이다. 스모그 산성비, 물과 공기의 오염, 쓰레기의 범람은 그러한 신호의 일부분에 불과할 따름이다. 자연은 이제 허리가 휠만큼 휘어져서 더는 무분별한 행동을 용납하지 못할 지경까지 이르렀다. 더 이상의 자연 훼손은 생태계를 회복 불가능하도록 만들 것이다. 이기적인 욕심만 앞세워서 분별없이 행한 자연 훼손은 그 혹독한 대가를 우리에게 안겨 준다. 1972년 6월 스웨덴의 스톡홀름에서는 국제 연합주체의 국제적인 환경회의가 열렸다. 회의 참석자들은 '하나밖에 없는 지구'라는 슬로건 아래 인간 환경 선언문을 채택했다.

●● 참고문헌요약 _ 송은영, 『에라토스테네스가 들려주는 지구 이야기』, 자음과모음, 2010, pp.152~153.

71

파멸의 묵시록

사람들은 오래전부터 인류가 처한 위험의 본성과
그 심각성을 깨닫기 시작했다.
과학자들은 수십 년에 걸쳐 세계적 규모의 환경파괴와
그것이 초래할 무서운 결과를
일반 대중 및 정치가들에게 끊임없이 경고했다.

이제 많은 사람들은 환경이 심각하게 파괴되고 지금도 파괴가
계속되는 까닭이 인간의 무책임한 행동 때문이라는 사실을 알게 되었다.
인간의 무책임한 행동이란
지구 온난화의 주범인 산업 폐기물과 온실가스를 방출하는 행위
강과 호수와 바다의 수질을 오염시키는 행위
열대 우림을 파괴하는 행위
비료와 살충제를 남용하는 과잉 경작 방식을 확산시킴으로써
지력 고갈과 토양 침식을 초래할 뿐만 아니라 인류에게 유용하고
과학적으로도 중요한 생명체를 멸종시키고
각종 동식물의 서식지를 파괴하며
생태환경의 체계를 붕괴시키는 행위 등을 꼽을 수 있다.

그럼에도 인류는 환경이 파괴되는 과정을 저지하거나
파괴의 결과를 수습하는 데 필요한 조치를 전혀 취하지 않는다.
왜 그런가?
지구의 온난화가 빠르게 진행되고 그 진행 속도를 결정적으로
가속화시키는 주범이 바로 인간의 무책임한 행동이라는 사실은
이제 누구도 부정할 수 없게 되었다.

상황이 이미 돌이킬 수 없는 길로 들어선
인간의 심각한 파괴 활동을 아무 거리낌 없이 계속하고 있을 뿐이다.
현재 진행 중인 생태환경 파괴의 여파와
수많은 생명체의 비참한 죽음으로 먹이 사슬이 붕괴되고
수백만 명이 기아에 허덕일 위험에 처했는데
지적인 동물인 인류가 가다라 지방의 돼지 떼처럼(Gadarene swine)
재앙의 구렁텅이로 무작정 돌진하는 까닭은 무엇이란 말인가?

과학자들은 현재 인류가 직면한 위험의 성격은 물론
그런 위험에 대처하기 위해 인류가 할 수 있는 일과
앞으로 해야 할 일이 무엇인지 잘 안다.
그들은 자신이 아는 정보를 널리 공개하기까지 했다.
그럼에도 별 반응을 보이지 않는다.
조치를 취하기 위해서는 법률제정이 필요한데
과학자들은 법률을 제정하거나 실행할 능력이 없기 때문이다.

정치적 의지가 이처럼 마비 상태를 보이는 까닭은 무엇인가?
과학자들은 문명 세계를 뒤덮을 위험을 미리 파악하고

그런 위험을 정치가에게 알려 주었지만
정치가는 문제를 해결하는데 필요한 조치를 좀처럼 취하지 않으려 한다.
현재 인류가 직면한 위험을 타개하려면
과학적 지식에 바탕을 둔 합리적 대책을 마련해야 한다.

사회 및 정치적 행위가 영향력을 행사할 수 있는 여건이
동시에 갖추어져야 한다.
인류가 직면한 문제는 세계적인 규모로 확대되었기 때문에
세계적 차원의 대응을 통해서만 해결할 수 있다.

세계적 차원의 대응이 시급히 이루어지지 않는다면
생태환경의 파괴는 더 이상 돌이킬 수 없을 것이다.
이런 파괴 과정을 저지시킬 수 없다면 먹이사슬 전체의 토대가 되는
단세포 조류가 멸종의 위기에 처할 것이고
식량 작물이 파괴되는 상황에 처할 것이며
인간은 피부암과 여타의 다양한 질병을 유발하는
방사선에 노출되고 말 것이다.

우리는 세계적 차원에서 생각해야 한다.
'생각은 세계적으로, 행동은 지역적으로'라는 경구는 매우 좋은 표현이지만 지역으로 널리 확산되지 않는다면 아무런 쓸모가 없을 것이다.
인류사회는 하나로 통합된 공동체가 되어야 한다.

●● 참고문헌요약 _ 에롤 E. 해리스, 이현휘 역자, 『파멸의 묵시록』, 산지니출판사, 2009, pp.10~15, p.199, p.202.

72

자연은 '나'입니다

과학자들은 2050년에는 지구가 멸망한다고 말하더니
코로나 바이러스로 30년이 더 빠르게 왔다고 합니다.
세상에서는 폭염, 홍수, 산불, 전쟁이 그치지 않고
코로나 바이러스는 무섭게 세상 속으로 파고듭니다.

모든 책임은 우리에게 있음에도 모릅니다.
집 안이 자연으로 이루어져 있기도 한데
자연을 즐길 줄만 알았지 지킬 줄 모릅니다.
자신의 욕심에 파묻혀 자연을 훼손하고
세상을 파괴로 이끌어 갑니다.

"심연의 늪에 자신을 편안히 누이세요."
남자 환청 목소리는 절박감으로 다가옵니다.
지금까지의 기득권이었던 남성들의
분노로 인한 폭력, 전쟁의 세상에서
심연의 늪에 자신을 편안히 누일 수 있는
마음의 세계를 찾아가기를 염원합니다.

마음의 길에는

자연과 내가 하나인 세상을 만날 수 있기 때문입니다.

자연은 나이기에 자연이 자연답게 회복된다는 것은

바로 나를 지키는 일입니다.

세상을 지키는 일입니다.

73

"널리 이롭게 하라"로 세상을 구하자

우리나라의 단군 시조의 홍익인간은
"나도 잘살고 너도 잘살자"입니다.
세상은 인간이 자연을 무시한 대가를 톡톡히 치르고 있어요.
배 속의 태아같이 자연을 절대자로 인정할 때
제자리로 찾아갈 수 있을 거예요.

나로부터 시작하고
사회는 자연을 구하는 것이 무엇인가 살피고
언론은 구석구석에서 나오는 정보를 홍보하고
정치는 법으로 제정하여 엄숙하게 다루어 주세요.

은혜로 만든 국가 이념답게 세상을 구해요.
이것이 주어진 사명임을 깨달아야 합니다.
그래서 평화로운 세상을 같이 만들어요.

74

코로나에게

얼마나 힘이 드니?
집도 없어지고 먹을 것도 없고 같이 대화하며 놀고 싶어도
갈 곳도 없어지고
난민 천막에서 살고 있는 사람들이 행복해 보이겠구나.
아프리카의 먹지 못해 뼈만 남아 있는 아기들이 부럽기도 하겠구나.
그들에게는 희망이라도 있으니 오늘 하루가 소중하겠지.

코로나 바이러스야!
내 목숨, 자식들을 살려야 하고
지구 안에서 존재감을 유지하기 위해서 무슨 짓이라도 하고 싶겠지.
인간도 그랬으니 누굴 나무라겠니! 미안하고, 잘못했다, 용서해다오.

너를 잘살 수 있게 만들기 위해 어떻게 해야 하나 공부하자.
그래서 나도 잘살 수 있는 길을 만나야지.

그래 시간이 걸리더라도 같이 가자.
모두가 죽음도 하나임을 알고 한발 한발 다시 시작하자.

75

엄마는 꽃 손, 태아는 꽃잎

엄마는 반지 꽃 엮어서
열 손가락에 매달고
하늘하늘 꽃잎은
두 개 세 개 모이더니
꽃잎반지 되어
배 속에서 수영하네.
엄마 손은 꽃 손
우리 태아는 꽃잎
이슬같이 만났네.
밝은 햇살 눈부셔
꽃잎 속에 숨어 수줍게 인사하네.

고마워요 감사해요 행복해요.
난 사랑과 관심을 먹고 살아요.

76

한 집안 가족

우리 집에는 열 가족도 넘게 같이 살아요.
우리 집은 엄마, 아빠, 동생, 나 네 식구예요.
그리고 강아지 3식구가 있고
고양이 3식구가 있고
두더지 3식구가 있고
제비가 6식구가 있고
개미 가족이 많이 있고
달팽이 가족이 많이 있고
지네 가족이 많이 있고
뱀 가족이 많이 있고
요정 가족이 많이 있고
방귀벌레 가족이 많이 있고
지렁이 가족이 많이 있고
그리고 이름도 없는 작은 가족들과 같이 살아요.
그들 가족은 서로서로 잘 살아요.

아빠는 개미집이 무너질까 염려되어 기둥도 만들어 주고

엄마는 축대 밑, 뱀 집 앞에서는 놀랄까 보아 작은 소리로 말해요.
방귀벌레는 건드리면 냄새가 나요.
그냥 지나가며 친구들과 놀게 해요.

사람인 우리가 잘해야 해요.
그들이 잘살아 갈 수 있도록 도와주고 같이 살아야 해요.
우리는 지각이 있는 위대한 동물이니까요.

77

송아지와 소

얼마 전 태어난 송아지는
뒤뚱거리며 엄마 소를 따라다녀요.
배가 고프면 엄마 젖에 매달려 배를 채우지요.
그러나 엄마 젖은 먹지 않고 엄마가 먹던 밥을 먹어야 할 때는
송아지도 어른이 되기 위한 시작이지요.
엄마와 헤어져야 해요.

사람들이 도와줘야 해요.
두려워하고 무섭지 않게 위로해 주어야 해요.
좋은 음악도 틀어주고
행복한 말로 다독여 주고 희망을 이야기해 줘야 해요.
서로의 희생으로 성숙하고 당당하게 갈 수 있도록 도와줘야 해요.

사람들은 연고가 있는 선택 이외는
사양할 줄 아는 배려를 배워야 해요.
생명에게 배려는 꼭 지켜져야 할 의무랍니다.

78

코로나 19 바이러스

코로나 바이러스가 먹을 것이 없어 세상에 왔단다.
사람이 코로나 바이러스 집을 못 보고 부숴 버렸대.
어른은 보이는 것만 알고 보이지 않는 것은 모른단다.

너희들은 세상에 나와서 보이지 않는 것들에 대해
같이 살고, 이해하고, 볼 줄도 알아야 한단다.
세상은 지금 코로나 바이러스가 살아야 할 집을
함부로 부숴 버린 잘못으로 어려움을 겪고 있지.
너희들은 어른들과 달라 이 어려움을 이겨내고
평화롭고 서로 잘 사는 좋은 세상을 만들어 보자.

자연도 살고, 동물도 살고, 우리도 살 수 있는
은혜로운 나눔의 좋은 세상을 만들어 보자꾸나.
그래서 고마워하고
그래서 감사해하고
그래서 행복해하고
그래서 평화스러운 세상을 만들어 보자.

79

반딧불 사랑

때로 그리움은 무너질 듯 달려옵니다.
여름밤, 눈앞 가로막고 흔들며
숲속, 빨려 들어가는 반딧불은
벼락같이 발끝 멈추게 합니다.

썩은 감나무 끝, 석고같이 매달린 부엉이
날파리 아우성 속에 불빛 감추는 가로등
어둠에 몸을 감춘 모시 밭 샛길에는
반딧불의 애절한 사랑이 시작됩니다.

머루알 검푸른 핏빛 터져 대지 위 머물고
반딧불, 휘적이며 숲길 다니면
그리움은 잊어버릴 수 없는 뿌리 되어
가슴속 깊이 흔들어 버립니다.

80

뱀

꿈속에서도
어름같이 몸을 휘감으며
눈길 돌리게 하더니
도로 위에 붙어버린 얼룩진 무늬마저
정을 느끼지 못했다.

얼굴, 꼬리 날아갈 듯이 흔들며
대문 차고 들어올 때
두 눈과 두 눈은
못 볼 것을 본 듯, 한순간 얼어붙더니
그때 알았다.
두려워하면서도 같이 살아야 한다는 것을.

분노로 앞이 보이지 않는 것은
서로 바라볼 수 없는
두려운 모습이
삶 한가운데에

똬리를 틀고 앉아 혀를 날름댔었다.

뒤뜰, 돌 축대는
보금자리로 알고 있었지만
한 번도 얼굴 보여주지 않는 것은
두려움 알기 때문이리라.
가족들과 살아갈 수만 있다면
배려할 줄 아는 생명인 것을.

81

지구의 본질은 생명입니다

발밑에 생명이 꿈틀댑니다.
손끝에도 생명이 꿈틀댑니다.
몸속에도 생명이 꿈틀댑니다.
새들은 생명을 가르고 하늘을 나르고
땅속은 핏줄 같은 생명들이 노닐며
행복한 웃음을 지구 위로 보냅니다.

아 —
생명이라는 존엄함이여.
세상이 생명으로 덮여 있어도 무겁지가 않습니다.
어디서나 만날 수 있어 두려움을 감추어줍니다.
어느 날, 세상이 생과 사의 길목에 들어설 때,
그것은 사랑이었노라고 받아들이겠습니다.

82

풀아, 미안하다

엉겅퀴같이 엉켜 시도 때도 없이 태어나는 풀아,
내 집 갖지 못한 억울함이 그토록 모질게 만들었니?
부모 잘못 만나 따라 나왔니?

엄동설한에도 뿌리 하나 건져 겨우 목숨 부지해
이제 막 강건한 빛 보러, 기지개하는 너를
사정없이 뽑아 목을 잘라버리니
이 꽃, 저 꽃 피어오르는 화려한 봄날에
풀꽃들은 사형장으로 가는 어둠이라니
봄은 잔인한 달이기도 하구나.

풀아 —
추운 겨울 이겨낸 어미 풀아
여리고 어린 풀도 빛 한번 못 보고 죽어가는 피맺힌 풀아 —
내년에 입춘이 오면 정화수 한 그릇 떠 놓고
잊지 말고 너희들 피맺힌 한을 달래고 싶구나.

83

숲속의 요정들

핏빛 오디가 젖줄을 온 세상에 내놓고
하늘을 향해서 뿌리던 날!
숲속 요정들도 단맛에 취해 잠을 자다가
그만 풀꽃 속에 코를 박고 말았다.
깜짝 놀라 자수정 엉덩이를 바짝 치켜든 요정
눈가에 화장을 하고, 노란 엉덩짝을 흔들며 숨는 요정
귀티 나는 양회색 젖가슴을 내어놓고, 마음 가라앉히는 요정
하얀 몸통을 핏빛 오디에 숨기고, 얼굴만 내미는 요정
쓰러져 정신을 잃고만, 분홍색 요정
좁쌀보다 작은 몸들이 정신이 없다.

빈대, 이, 벼룩은
요정을 제대로 못 모신 죄로 안절부절못하고
방귀벌레도 놀라 땅끝을 열어 놓았다.
피식 피식 피식
뿡 뿡 뿡

84

행동

우주에는 모두가 일거리다.
걷는 것, 먹는 것, 친구를 만나는 것….

허둥대면서도 행동으로 지금까지 살았다.
고비마다 넘어지면서 행동으로 버티었다.
좌절로 허물어지면서 행동으로 벗어나고
우울로 미쳐버릴 것 같아도 행동이 사라지게 했다.

자연은 행동으로만 표현한다.
테레사 수녀는 행동으로 보인다.
그런 사람들은 자연같이 행동한다.

85

고양이 태

큰아들이 고등학교 때, 고양이가 새끼를 세 마리 낳았죠.
동물을 좋아하던 큰아들이 아침에 방문을 열면
겨드랑이로 목덜미로 기어 나오던 고양이 새끼들입니다.
어미가 새끼를 가졌을 때 부탁했습니다.
"고양아! 새끼 낳으면 태 하나만 줘라!
허리 아픈데 약이 된대! 하나만, 딱 하나만!"
고양이는 듣는 건지 못 듣는 건지 알 수가 없었습니다.

어느 날, 작은 고양이 소리가 천막에서 들려,
가보니 세 마리의 고양이 새끼가 있더라고요.
놀랍게도 한 마리의 새끼 고양이가 태를 달고 있었어요.
"어머! 고맙다! 고마워! 걱정하지 마! 이 태, 잘 자를게.
소독기구 가지고 와서 소독하고…."
어미 고양이는 미소 짓는 듯 잔잔하게 보였어요.

태를 자르는 동안 고양이에게 수없이 말을 하며
아무 일 없이 태를 구할 수 있었습니다.

고양이는 사람의 이야기를 알아들었고
“나도 잘살고 너도 잘살자”의
마음을 가지고 있었습니다.

Baby

제4절 — 과학 태교

86

엄마는 언제부터 되는 것일까요?

무심코 생각하면
엄마의 역할이 아기를 출산한 후부터
시작된다고 생각할 수 있겠지만
임신부터 시작되는 것입니다.
아기는 배 속에서부터 이미 엄마와의 교감을 기다리기에
태내기부터 출산 직후인 영아기까지를 연속선으로
아기와의 교감을 시도하는 것이 중요합니다.

태교를 통해서 엄마는 출산 전에
아기와 정서적인 관계를 형성할 수 있어요.
달리 표현하면 애착을 형성하는 것이지요.
이때 형성되는 애착은
출산 후 아기와 엄마가 상호작용의 질을 좌우하며
이후 아기의 정서, 인지 성격발달에까지
영향을 미칠 수 있습니다.

임신은 엄마의 신체적, 정서적 변화를 불러일으킬 뿐만 아니라

엄마와 태아의 동행이 시작되었다는 신호이자
태아와의 만남을 준비하는 과정입니다.
임신 기간은 평생 지속되는 부모 자녀 관계의
건강한 기초를 마련할 수 있는 골든 타임입니다.

●● 참고문헌요약 _ 허그맘 아동심리상담센터, 『우리 아이 잘 자라고 있나요?』, 위즈덤하우스, 2018, pp.46~48.

87

아기의 뇌

눈을 통해 보고 귀를 통해 듣고 혀를 통해 맛을 알고
특정한 기능을 수행하는 회로는 뇌의 시스템이며
그렇게 바깥 세계와 의사소통을 합니다.
잉태된 순간 아메바의 뇌는 차츰 시간이 경과하면
어류, 양서류의 뇌 수준으로 발전합니다.
엄마, 아빠 가족 모두의 태교는
태아의 뇌를 초기화 하는 데 필수적인 기본입니다.

삶의 품격을 정하는 뜻깊은 일을 태내에서 하는 것입니다.
자식에게 높은 품격을 주려면 태어나기 전 보이지 않는 세계나
들리지 않는 세계에서부터 복을 짓는 것이 좋습니다.
태어나기 전 만물을 창조하신 신이나 부처님 앞에서
엄마와 아기가 같이 울고 웃으며 아기의 자율신경을 단련해야 합니다.
태교는 순엄한 전인적 인간교육입니다.

●● 참고문헌요약 _ 김수용, 『뇌과학이 밝혀낸 놀라운 태교이야기』, 종이거울, 2011, p.46, p61, pp74~75.

88

언어와 지능

태아에게는 언어의 자극이 필요합니다.
엄마의 지혜가 태교의 목적입니다.
영적인 대화를 하고 또 그 세계를 맛보고
울먹이며 기도하는 여인이
창의적인 인재를 만들어 내는 것입니다.
엄마와 태아가 유대관계를 이루면서
뇌가 창의적인 활동을 해야 합니다.
지상의 법만이 아니라 천국의 법이나
피안의 세계에 법을 각인시킬 필요가 있습니다.

사람의 뇌는 20대까지 무궁하게 발달합니다.
사춘기 때는 더욱 관심과 사랑이 필요합니다.
늙으면 혼자 산다는 둥,
그런 쓸데없는 이야기는
당장 집어치워야 합니다.
끝까지 인간에게 희망을 걸어야 하고
자식에게 기대를 걸어야 하고

거기서 길을 찾아야 합니다.

반드시 진실하고 진심 어린 사랑이어야 합니다.

사랑의 정신혁명을 다시 일으켜야 합니다.

●● 참고문헌요약 _ 김수용, 『뇌과학이 밝혀낸 놀라운 태교이야기』, 종이거울, 2011, pp.31~32, p58, pp60~61.

89

태아의 학습장애

현재의 임신부들은 균형 잡힌 영양성분의
음식을 섭취하고 질병에 걸리지 않으며
무리한 신체 행동을 하지 않으면 된다고 생각하나
엄마의 마음에 눈을 돌리면 전혀 다른 세계가 열리지요.
엄마가 화를 내거나 초조해하거나
슬퍼하거나 불안해하면
그때 분비된 호르몬이나 뇌에서 형성된 신경 전달 물질이
혈관을 통해 태아에게 그대로 전달되지요.
엄마의 감정이 호르몬을 통해 태아에게 전달됩니다.

배 속의 태아는 실지로
엄마의 감정이나 생각까지를 읽고 반응하지요.
엄마의 마음과 행동의 불일치는
태아가 태어나면 주의력 결핍증으로 변하여
학습의 장애를 일으킵니다.

●● 참고문헌요약 _ 김수용, 『뇌과학이 밝혀낸 놀라운 태교이야기』, 종이거울, 2011, p.291.

90

옹알이

아기들이 구체적으로 대화 형태를 배우지 못했지만
발달된 뇌 기능의 표현으로 주변 세계와 상호작용을 하려는
의지의 표현이 바로 옹알이입니다.
그런데 사랑받은 태아의 뇌는 신생아일 때도
많은 내용을 간직한 채로 대화하려고
복잡한 옹알이를 합니다.

옹알이는 아기의 뇌 안에 있는
뉴럴 네트워크가 반복적으로 기능하면서
이루어지는 자기표현이지요.
사랑을 받을수록 아기는 적극적으로
자기표현을 하려는 의지가 생기고
긍정적인 사고를 할 준비를 합니다.
옹알이를 많이 하는 것은 그만큼
뇌의 기능이 왕성하다는 것입니다.

반면에 학대받거나 버림받은 아기는

뇌 기능이 위축되어 옹알이가 적으며
하더라도 부정적인 사고로 할 수 있고
주변과 끊임없는 저항을 하게 됩니다.
옹알이는 엄마와의 유대감이 강화된 결과로
복잡하고 다양화될 수 있습니다.

●● 참고문헌요약 _ 김수용, 『뇌과학이 밝혀낸 놀라운 태교이야기』, 종이거울, 2011, p.27, p54.

91

계획 임신

2009년 4월, 제일병원의 임신부 1,227명을 조사하니
'계획 임신율'은 50%밖에 안 되었다.
기다렸던 임신의 기쁨과 원치 않은 임신의 당혹스러움은
아이에게 어떤 차이를 만들까?
미국의 의학박사 크리스티안 노스럽은『여성의 몸 여성의 지혜』에서
그것이 조산을 가져올 수 있다고 말했다.
결과가 좋지 않은 임신은 대부분 원치 않았거나
계획하지 않았던 임신 또는 산모가 임신에 대한
혼란스러운 감정을 수습하지 못한 경우이다.

산모가 임신 기간 임신에 대한 혼란스러운 감정을
해결하지 못하면 복잡한 문제가 발생할 수 있다.
원치 않은 임신을 한 산모는 무의식적으로
자신의 생활을 되찾고 몸을 회복하기 위해서
가능한 임신을 빨리 끝내고 싶어 한다.
이런 생각은 실제로 조산이나
임신을 빨리 끝나게 만드는 다른 문제로 이어질 수 있다.

한양대학교 박문일 교수는
"저출산보다 더 심각한 문제는 태어나는 아이들의 건강이며
준비 없이 임신하는 것은 아이에게 큰 잘못을 저지르는 일이자
부모의 책임을 유기하는 것"이라고 말했다.

●● 참고문헌요약 _ 김광호·조미진, 『오래된 미래 전통육아의 비밀』(EBS다큐프라임), 라이온북스, 2012, p.119.

92

사랑의 소리

잉태되어 70일이 지나면 먼저 속귀가 발달합니다.
속귀에 산재하는 달팽이관은 외부에서 들어오는
소리 신호를 처리하는 역할을 합니다.
태아는 3개월이 되면 엄마 몸 밖에서 발생하는
모든 소리를 들을 수 있습니다.

그때부터 태아는 사랑과
교육적인 정보들이 섞인 소리를 들으려 노력합니다.
말과 소리의 유도에 의한 태아의 뇌 훈련은
마치 컴퓨터의 기능 향상처럼 뇌 기능 향상을 꾀합니다.

우리는 예로부터 천재를 총명한 아이라 부르지요.
총은 귀 밝은 총(聰)으로 귀가 밝으면
빨리 정보를 수집하기 때문이지요.
매우 과학적이지요.

태아는 오감 육감이 발달하여

엄마의 일거수일투족은 물론
엄마의 속마음마저 읽어낼 수 있습니다.
즉, 엄마의 좋은 생각을 통해서
이루어지는 교감 채널입니다.
성인과 같은 높은 수준의 인간 존재를
엄마와 교감을 통해서 알게 하면 매우 좋습니다.

●● 참고문헌요약 _ 김수용, 『뇌과학이 밝혀낸 놀라운 태교이야기』, 종이거울, 2011, pp.41~42, p44.

93

모체의 건강

머리가 좋다는 사실은
체력에 지탱하고 있는 부분이 많습니다.
머리가 좋은 것은 뇌의 정신 세포의 배선만으로
결정되는 것은 아니고
거기에 전류가 강하게 흐르고 있는지 어떤지
즉 활발하게 신경세포가 움직이고 있는지
어떤지로 크게 좌우됩니다.
활발하게 움직이게 하기 위해서는
산소를 충분히 공급할 필요가 있습니다.

뇌에 산소를 공급하는 것은 혈액입니다.
성인 기준으로 뇌의 무게는 몸 전체의 2%임에도
혈액 전체의 20%가 흐르고 있는 것입니다.
피의 흐름을 좋게 하기 위해서는
심장이 튼튼하고 폐활량도 커야 합니다.
스포츠로 단련된 아빠의 체력이
아이의 지능을 높입니다.

머리가 좋은 건강한 아이를 낳기 위해서는
임신하면 낳거나 또는 중절한다는
무계획적인 출산은 절대로 피해야 합니다.
아이의 지능을 결정하는 큰 요소는
모체의 건강이므로 최상의 컨디션일 때에
임신하고 출산하도록 마음먹어야 합니다.
임신을 하면 녹색이 많은 공원 등으로
매일 산책을 하고 가능하면 긴 시간 동안
신선한 공기를 마시는 것이 중요합니다.
이 방법은 산소를 가득 포함한 공기를 마시는 것과
산책이라는 적절한 운동으로 혈액의 순환을 돕고
아기 뇌의 정상적인 발육을 방해하는
스트레스도 없앤다는 2중, 3중의 효과가 있습니다.

머리를 좋게 만드는 것으로 비타민 E가 있습니다.
비타민 E는 모세혈관 등이 생기는 것을 도와
피의 순환을 좋게 합니다.
비타민 E를 임신부가 복용하면 배 속의 아기 뇌에
어떠한 손상이 생겨도 빨리 회복됩니다.
머리가 좋다는 것은 뇌 배선의 복잡함과
피의 순환이 좋다는 것입니다.

●● 참고문헌요약 _ 노즈에 겐이치·이나가키 다케시, 『머리가 좋은 아이는 태아때 결정된다』, 경성라인, 2014, pp.14~15, p43, p53, p60, p74.

94

임신 중의 섹스는 배 속의 아기도 환영한다

여성은 임신을 하면 성욕이 떨어지지만
남편은 그렇지 않습니다.
둘의 싸움으로 스트레스를 느껴
뇌에 중대한 영향을 받을 수도 있습니다.
섹스라는 것은 여성의 성욕에만 지배되는 것이 아니라
남성의 성욕, 애정 등에 의해 행해지는 것이므로
횟수는 줄어도 규칙적인 것이 좋습니다.

단, 임신 36주째 들어서면 조산의 우려가 있고
이때는 아기를 압박하는 체위를 피해야겠지요.
여성이 즐겁고 부담을 느끼지 않는 체위라면
아기에게도 영향은 없습니다.

●● 참고문헌요약 _ 노즈에 겐이치·이나가키 다케시, 『머리가 좋은 아이는 태아때 결정된다』, 경성라인, 2014, pp.121~122.

95

음악 태교

음악에는 인간의 마음을 흔들 수 있는
막강한 에너지가 있습니다.
태아는 3개월이 지나면 청각기관이 발달하여
엄마의 살갗을 뚫고 외부의 소리를 들을 수 있습니다.

아기들은 태어나면 자궁에서 처음 들었던
이야기, 시, 운율 등을 선호합니다.
임신 6개월 된 태아가
엄마의 목소리에 따라 움직이고
자장가를 태아에게 들려주면
태아는 훨씬 더 안정된다고 합니다.

임신 초기에는 엄마의 마음이 편안해지는
음악을 듣는 것이 좋고
임신 중기에는 아름다운 음악을 듣고
임신 후기에는 진동이 강한 음악을 듣는 등
때마다 자극을 달리하면

태아의 뇌 기능 복잡도가 증가합니다.
특히 임신 8~9개월에는
대뇌피질이 빠르게 발달하기 때문에
생각하고 기억하는 능력이 생깁니다.
임신부 자신이 어떤 음악이라도 좋아하거나
듣고 마음이 편해지는 곡이면 다 됩니다.

●● 참고문헌요약 _ 김수용, 『뇌과학이 밝혀낸 놀라운 태교이야기』, 종이거울, 2011, pp.74~75, p.131, pp.134~135.

96

엄마의 속마음

엄마의 속마음은 몸속 태아의 존재로 괴롭고 힘들지만
겉으로는 식구들에게 매우 행복한 모습을 보이면
태아는 엄마의 속마음 내면세계를 무언의 의사소통으로
느끼게 되어 곧바로 심한 스트레스로 전달이 됩니다.

자연히 엄마와 태아와의 의사소통은
괴로움으로 나타나 신뢰 관계가 깨지게 됩니다.
엄마와 자녀 관계의 신뢰 관계는 육아 관계의 기본인데
생명이 잉태되는 초기에 이중적인 엄마의 속마음은
후일 서로 원수가 되어 육아의 고통스러움이 되고
자녀가 태어나면서부터 지닐 수 있는
이상행동 등이 바로 그 예입니다.
또는 태어날 때부터 위나 장 등의 소화기관에
문제가 있거나 정신이나 행동 장애를 겪게 되기도 합니다.

●● 참고문헌요약 _ 김수용, 『뇌과학이 밝혀낸 놀라운 태교이야기』, 종이거울, 2011, pp.83, p.86.

97

뇌 기능 장애

농약, 공장폐수에 의한 유해물질은
야채나 가공식품 음료수를 통해
인체에 축적되고 뇌나 다른 기관에
손상을 유발합니다.
더욱 심각한 것은 이런 유해물질이
엄마의 자궁을 통해서 태아에게 전달되면
태아의 뇌를 손상해 아이에게
주의력 결핍증을 유발하는 요인이 됩니다.

임신 중에는 가공식품 및 일회성 용기의 사용을 멀리하고
자연식을 즐기는 노력과 지혜를 가져야 합니다.
때로는 스님들의 식사인 선식을
임산부들에게 권할 필요가 있습니다.
우리 여성의 자궁 속을 깨끗하게 청소하여
새로운 손님맞이(임신)를 하도록 해야 합니다.

●● 참고문헌요약 _ 김수용, 『뇌과학이 밝혀낸 놀라운 태교이야기』, 종이거울, 2011, p.169.

98

사랑의 자극

뇌는 성인이 되어서도 어느 정도 발육하고 성장하지만
각종 자극이 10세 이전에 주어져야 원활한 기능이 가능해집니다.
엄마의 사랑과 관심은 태어나서부터 뇌가 1,300g이 될 때까지
뇌 안의 전두엽을 구성하는 신경세포가 기억합니다.
여성들의 사랑은 아기의 뇌 기능에는
축복으로 가득한 능력을 선사합니다.

또한 태어난 후의 사랑보다 태어나기 전,
뇌가 만들어지는 순간
생명의 뿌리와 대화하며 기도하는 엄마의 사랑은
태아의 뇌 안에서 대뇌변연계는
밤하늘 별들끼리의 대화
꽃들의 속삭임
시냇물이 만들어 내는 자연의 음성
대화하는 상대방의 속마음을 읽어낼 수 있는
능력의 소유자입니다.
성자들의 정신세계입니다.

이런 아이는 분명 세상을 아름답게
만들 수 있는 능력을 가집니다.

젊은 여성들에게 피안의 세계를 보게 하고
자신의 생명 뿌리를 볼 수 있도록
눈을 뜨게 하는 일이
무엇보다 중요하고 선행되어야 할 일입니다.
여성 교육, 거국적인 일이지요.

●● 참고문헌요약 _ 김수용,『뇌과학이 밝혀낸 놀라운 태교이야기』, 종이거울, 2011, pp.172~174.

99

자기 암시

사격, 골프, 양궁과 같은 운동은
뇌 부위에서 예행연습을 반복해서 하면
실제상황에서 자연스럽게 임할 수 있습니다.
사람들 앞에 서 있으면 괜히 긴장하고
떨리는 사람들에게는 더욱더 효과적입니다.

엄마와 태아와의 대화는 일종의 자기 암시 내지는
이미지 트레이닝이라고 할 수 있습니다.
옛날 정몽주의 어머니는 아들을 잉태하고 있을 때
위인의 초상화를 들고 그분을 닮으라고
자기 암시를 많이 했다고 합니다.

이러한 방법은 태아의 뇌에
특수한 능력을 부여하는 역할도 하리라 봅니다.
그래서 훌륭한 나라, 능력 있는 나라가 될 것입니다.

●● 참고문헌요약 _ 김수용, 『뇌과학이 밝혀낸 놀라운 태교이야기』, 종이거울, 2011, pp.196~197.

100

미술 태교

엄마가 안정적인 정서를 유지하면
태아에게도 긍정적인 정서 경험을 제공할 수 있습니다.
미술 태교는 태담이나 음악 감상에 비해서
몸을 많이 사용한다는 장점이 있지요.

태아도 외부의 빛과 어둠을 구분하는 등
엄마가 느끼는 시각적인 자극을 그대로 느낀다고 합니다.
따라서 엄마가 직접 그림을 그리고 색칠을 하는 미술 활동은
태아에게 매우 효과적인 태교가 되겠지요.

초음파 사진을 보면서 아기의 얼굴을
상상하면서 점토로 아기의 얼굴을 만들어 보세요.
뛰어난 작품을 만들어야겠다는 부담은 내려놓고 마음이 가는 대로
자유롭게 표현하면서 태아에게 긍정적인 자극을 듬뿍 전달해 주세요.

●● 참고문헌요약 _ 허그맘 아동심리상담센터, 『우리 아이 잘 자라고 있나요?』, 위즈덤하우스, 2018, pp.65~67.

101

태동일기 쓰기

임신 20주 정도가 되면 엄마는 태동을 통해
아기가 배 속에서 잘 자라고 있는지
혹은 불편한지를 느낄 수 있습니다.
음식을 먹을 때 좋은 음악을 들을 때 등
엄마의 신체적, 정서적 변화에 따라
태동도 달라집니다.

엄마는 태동 시간을 체크하고
태동이 올 때마다 아기에게 느낌을
표현해줌으로써 아기와
건강한 정서적 교감을 해나갈 수 있습니다.
태동 시간과 느낌 등을 기록해 두었다가
아기가 태어난 후 동화책을 읽어주듯
이야기를 들려준다면 더욱 좋을 겁니다.

태동을 느낄 때마다
단어나 색으로 느낌을 표현하세요.

태동이 느껴지는 곳을 손으로 톡톡 두드리면서
아기에게 반응해줄 수 있어요.
처음에는 아기가 반응하지 않지만
태동이 있을 때마다 같은 방법으로 두드려주면
아기가 이에 화답하는 날도 있답니다.

두드릴 때 '톡톡' 하고 소리도 함께 들려주세요.

●● 참고문헌요약 _ 허그맘 아동심리상담센터, 『우리 아이 잘 자라고 있나요?』, 위즈덤하우스, 2018, p.89.

102

임신 중 좋은 남편 되는 20가지 방법

1. 산부인과에 같이 간다.
2. 임신, 출산, 육아 책을 사 준다.
3. 임신, 출산, 모유 수유 강의를 같이 듣는다.
4. 출산 준비물과 아기용품을 같이 사러 간다.
5. 함께 산책을 한다.
6. 둘만의 여행을 다녀온다.
7. 맛집을 찾아다닌다.
8. 입덧을 할 때는 먹고 싶어 하는 음식을 챙긴다.
9. 담배를 끊을 수 없다면 줄인다.
10. 일찍 퇴근하고 술은 적게 먹는다.
11. 자주 전화를 하거나 문자를 보낸다.
12. 임신 중 필요한 영양제는 직접 챙긴다.
13. 집안일을 적극 도와준다.
14. 임신한 아내를 사진에 담는다.
15. 튼 살 크림을 직접 사서 발라준다.
16. 태아와 대화를 한다.
17. 아내의 다리, 팔, 허리를 마사지한다.

18. 태교일기를 쓴다.

19. 말과 행동에 더 신경을 쓴다.

20. 분만실에서 출산 때까지 옆에 있는다.

●● 참고문헌요약 _ 김건호, 『똑똑하고 건강한 첫 임신 출산』, 리스컴, 2011, pp.97~101.

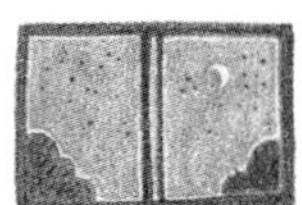

103

태아의 시신경을 괴롭히지 마라

임신 7개월 이후 태아는
외부의 빛에 반응해 꿈틀거리기 시작한다.
불빛이 비치면 뇌로 시각 정보를 반복적으로
전달하면서, 출생 후를 준비한다.

임신 말기가 되면 복벽이 얇아져서
태아는 더욱 빛을 예민하게 느낄 수 있다.
이때 밝은 빛을 비추면 1분에 15회 이상
심장 박동 수가 증가한다.
임신부 앞에 갑자기 불빛을 켜는 것이
안 좋은 것도 그 때문이다.
태아도 예고 없는 방문객을 싫어하는 것이다.

임신부는 생활 주변의 빛에 대해 늘 신경을 써야 한다.
태아가 스스로 빛에 대한 적응력을 키울 수 있도록
저녁에 주기적으로 산책을 하는 것도 좋다.
태아도 낮과 밤의 사이클을 익히게 되는 것이다.

여름에는 강렬한 자외선도 피해야 한다.
지나치게 햇볕이 강한 날 밖을 다니는 것은 좋지 않다.
피서지에서는 특히 유의해야 한다.
강렬한 태양은 태아에게 지나치게 눈부신 빛이기 때문이다.
그런 곳에서는 타월로 배를 보호하거나
원피스 수영복을 입어야 한다.

●● 참고문헌요약 _ 김창규, 『남편과 함께하는 태교 데이트』, 도서출판 연이, 2003, p.83, pp.85~86.

104

잠

사람은 배 속에서부터 태어나 죽기까지
거의 3분의 1이나 되는 긴 시간 잠을 잡니다.
필요 수면량은 사람에 따라 다르지만
대략 6~7시간입니다.
취침과 기상까지 수면시간의 양은 중요하지 않지만
그 시각은 규칙적인 것이 바람직합니다.
취침 시각이 불규칙하면
뇌가 수면에 들어가는 리듬을 잃어서
불면증 등의 수면장애에 빠질 수 있습니다.

수면에 들어가면 리듬이 절대적으로 중요한 것은
인간은 지구상에 존재하는 생물이기 때문입니다.
즉 각성과 수면 시에 소화, 흡수, 배설 등
생리 활동을 조정하고 있습니다.
생체시계가 고장난다면,
신체의 모든 생리 활동에 악영향이 발생합니다.

특히 임신부들이 밤늦도록 잠을 자지 않는 경우
태어난 아이들도 밤늦도록 잠을 자지 않고
엄마와 놀려고 하는 경향이 있으니
임신부의 경우에는 규칙적인 생활이
태아에게 좋은 영향을 미칩니다.

●● 참고문헌요약 _ 김수용, 『뇌과학이 밝혀낸 놀라운 태교이야기』, 종이거울, 2011, pp.202~203, p.205.

105

자궁 속의 비밀

1. 자궁 속은 대단히 시끄럽다.
2. 태아는 부모의 목소리를 더 잘 듣는다.
3. 시끄러우면 태아는 호흡을 안 한다.
4. 소음은 태아의 청력을 상하게 한다.
5. 태아가 놀라면 양수를 삼킨다.
6. 볼륨을 낮추자.
7. 어떤 소리가 태아에게 좋을까?

●● 참고문헌요약 _ 신매희, 『사랑의 소리 태교이야기』, 사곰(한양대학교출판부), 2003, p.123.

106

입덧 극복하기

배 속의 태아를 사랑하는 임신부라도 위산 때문에 입천장, 혓바닥, 입술이 헐어버릴 정도의 입덧을 하면 태아도 남편도 원망스럽고 미울 때가 있다. 입덧이 절대 감미로울 수가 없다.

입덧의 고통을 줄이는 마인드 컨트롤의 출발점은
태아를 하나의 생명체로 인정하는 것이다.
내 몸속에 내가 아닌 또 다른 생명체가 있다고 생각하면
입덧을 당연한 현상으로 받아들이게 된다.
모태 동체이지만 태아는 유전적 성격이
나와 완전히 일치할 수 없기 때문이다.
따라서 입덧 시기만큼은 태아와 자신을
분리해서 생각할 필요가 있다.

먼저 심리적으로 고통을 줄이는 방법을 생각하자.
입덧이 심하면 태아가 건강하다는 것을 기억하자.
입덧이 심하다는 것은 태내에서
태아의 호르몬 대사가 왕성하다는 것이다.

피해 의식을 버려라.
임산부는 환자가 아니듯이 입덧은 병이 아니다.
긍정적으로 생각하자.
나보다 입덧이 더 심한 사람을 생각하는 것도 방법이다.
피 냄새 때문에 토하고, 혈관이 터지고, 혼수상태에 빠지고
그런 자기 암시가 필요하다.
마음으로 대비하라.

입덧은 보통 임신 5~12주 정도에 심한데
다가올 입덧을 심정적으로 미리 대비하는 것도 좋다.
하루의 동선을 효과적으로 계획하라.
입덧을 자극할 만한 집안일, 정신적인 자극이 있는 일도 피한다.

입덧이 생길 여지를 줄이는 식습관을 가져라.
제일 좋은 방법은 조금씩 자주 먹어 공복감을 느끼지 않도록 한다.
수분은 충분히 섭취한다.
메스꺼움을 많이 느끼는 음식은 눈앞에 보이지 않게 하라.

올바른 체형을 유지하라.
걷거나 서 있을 때 허리를 바로 펴려고 노력하고
잘 때는 옆으로 누운 자세를 유지하면 좋다.
자리에서 일어날 때도 갑자기 몸을 일으키지 마라.

●● 참고문헌요약 _ 김창규, 『남편과 함께하는 태교 데이트』, 도서출판 연이, 2003, pp.128~131.

107

산모의 연령

일반적으로 산모의 연령이 25~29세 사이에 있을 때 자녀가 태어나면
성장에 가장 좋은 태내 환경 조건이 이루어진다.
그러나 30~34세 사이의 임산모에게서 태어난 아기도
최적의 발달을 보이는 것으로 보고되고 있다(Ventura, 1989).
모의 연령이 높아질수록 태아의 지적 발달장애가
나타날 가능성이 커진다.
10대의 산모가 낳는 아기 또한 체중이 미달하거나
전반적인 미숙아가 될 위험이 크다.

20세 이전의 여성은 육체적으로는 성숙되어 있지만
무엇보다도 정신적으로 미숙하여 아이 지능의 발육에
가장 중요한 3세까지의 교육을
완전히 이룰 수 있을 만큼의 힘이 없다.
육체적으로나 정신적으로 성숙한 25~35세까지의
출산이 더 좋다.

단 결혼연령이 높은 여성은 결혼하면 바로,

계획적으로 출산하는 것을 생각하는 것이 좋다.
고연령의 난산도 결혼하고 바로 아기를 낳은 여성에게는 적다고 한다.
계획출산은 또한 지적장애 등의 선천성 장애아가
생기는 것을 막기 위해서도 큰 효과가 있다.

●● 참고문헌요약 _ 노즈에 겐이치·이나가키 다케시, 『머리가 좋은 아이는 태아때 결정된다』, 경성라인, 2014, p.51, p.53.

108

임신부의 우울증

임신 중의 우울증은 위험하다.
임신 중 한 번도 우울증이 안 생기는 것도 비정상이다.
가벼운 우울증은 임신에서 출산에 이르는 통과의례라고 생각한다.
기다리는 임신을 한 여성도 우울증에서 자유로울 수 없다.
우울증은 사람마다 다양한 형태로 나타난다.
심각하지 않은 우울증은 자연 치유로 해결되기도 한다.

그러나 이런 증상이 나타나면 빨리 해결책을 찾자.
* 사흘 이상 필요한 말 이외에 말이 없거나 침묵으로 일관한다.
* 일주일 가까이 세상이 귀찮다는 생각이 든다.
* 잠을 자면 깨어나지 않았으면 좋겠다고 생각한다.
* 불도 안 켜고 온종일 방안에 틀어박혀 지낸다.
* 몇 달간 부부관계를 원칙적으로 거부한다.
* 이 의사 저 의사 닥디 쇼핑을 한다.
* 몰래 알코올이나 약물에 의존한다.
* 자살을 생각하거나 자살 일보 직전까지 간다.

임신부는 언제 우울증에 빠지게 되는가?

* 태아에 대한 걱정을 지나치게 많이 할 때
* 남편의 관심을 받지 못하고 있다는 소외감을 느낄 때
* 임신 전부터 우울증이 있었을 경우
* 준비 안 된 임신일 경우
* 성취욕과 태아 사이의 갈등이 깊어질 때

아내의 우울증을 해결하는 방법 제시

* 아내가 마음을 털어놓을 수 있는 커뮤니케이션 장치를 개발하라.
* 편지로 남편의 걱정, 애정 관심을 담아 보라.
* 두 사람만의 의미 있는 공간으로 가보라.
* 예상치 못한 방법으로 아내를 감동하게 하라.
* 아내의 기분을 되돌릴 공동전선을 구축하라.
* 가장으로서 리더십을 발휘하라.
  아내가 부성애를 느낄 정도의 리더십이 필요하다.

●● 참고문헌요약 _ 김창규, 『남편과 함께하는 태교 데이트』, 도서출판 연이, 2003, pp.219~224.

109

태아의 발육을 고려한 영양

임신 중 태아의 발육은 현저하며
그렇기 때문에 영양보충도 충분히 생각해야 합니다.
식생활에 주의해야 할 사항들을 적어보면 다음과 같습니다.

1. 편식하지 않도록 메뉴를 풍부히 한다.
2. 지나치게 찬 음식이나 자극이 강한 음식은 피한다.
3. 염분과 당분을 지나치게 섭취하지 않는다.
4. 조금씩 여러 번으로 나누어 먹는다.

임신 초기

아직 필요로 하는 칼로리가 임신하기 전보다
150kcal 정도 증가하는 것에 불과합니다.
일반적으로 시간과 관계없이 뭔가를 먹고 싶다고 느낄 때
먹는 것이 제일 좋다고 합니다.

귀찮을 때 인스턴트 식품을 점심으로
그대로 먹을 것이 아니라 계란이나 야채 등을 조금 곁들여서 먹습니다.
식사를 하고 싶지 않다면 과자 종류(슈크림, 초콜릿, 아이스크림) 등

소량으로 높은 칼로리를 얻을 수 있는 것이 좋습니다.

임신 중기

임신부는 영양을 보통 때보다 1.5배 정도 많이 섭취하도록 합니다.
양질의 단백질을 섭취하고 칼슘이나 철분을 많이 함유한
음식을 잊지 말고 먹도록 합니다.
변비에 잘 걸리는 사람은 야채나 과일을 많이 섭취합니다.
평상시 건강한 여성도 임신을 하면 빈혈이 나타나기 쉽습니다.
철분이 많은 간, 조개, 녹색 채소, 치즈 등을 섭취합니다.
심한 빈혈이면 의사에게 상담하여 약을 먹습니다.

임신 후기

이때 비만에 특히 유의해야 합니다.
보통 10kg 증가하는데 그 이상이 되면
여러 가지 문제가 발생할 수 있습니다.
기름기 많은 육류, 단 것, 빵, 밥, 국수, 감자 등을 줄입시다.
영양소로 단백질, 지방, 당분, 물, 비타민 등이 있습니다.
이들 영양소는 각각 중요한 역할을 하기 때문에
어떠한 한 가지도 결핍되면 곤란합니다.

후기에 들어오면 염분의 섭취량을 줄여서
될 수 있으면 조금 싱겁게 하여 먹는 것이 좋습니다.
또한 붓는 증세가 있는 사람은 수분 섭취도 가능한 줄이는 편이 좋습니다.

그리고 비만인 임신부는 임신중독증에 걸리기 쉽습니다.

임신중독증은 부종, 당뇨, 고혈압이 주요 증상인데
염분 섭취량이 많은 식생활에서 걸릴 확률이 높습니다.
가공식품, 반 완성식품, 인스턴트식품 등은
편리하기는 하지만 이것에 의존하지 않고
고기, 생선, 야채 등을 사용해서 먹는 것을 권하고 싶습니다.

●● 참고문헌요약 _ 김정범 역자, 『태교는 이렇게 시작한다』, 참솔, 1990, pp.164~166, pp.168~169.

110

임신 중에는 평소의 두 배 가까운 철분을 섭취해라

임신 중의 여성은 자주 빈혈을 일으키는 일이 있습니다.
가슴이 뛰거나 안색이 나빠지고 호흡도 빨라집니다.
이것은 어지럼증 등의 뇌빈혈과는 달리
혈액 중의 헤모글로빈(산소를 운반하는 물질)의 양이
적어졌기 때문에 일어나는, 이른바 피가 적어진다는
그대로의 의미인 빈혈입니다.
보통의 빈혈과 구별하기 위해 '임신 빈혈'이라 합니다.

그 원인은 헤모글로빈을 만들 때에 없어서는 안 되는
철분을 배 속의 아기에게 빼앗기기 때문입니다.
엄마가 철분이 부족하여 빈혈을 일으킨다는 것은
아기에게 산소 공급이 부족하여 일산화탄소 중독처럼
아기 뇌의 발육에 있어 커다란 적이라 할 수 있습니다.

그래서 임신 중의 엄마는 보다 많은 양의 철분을
섭취해야 합니다.
임신하지 않았을 때는 1일 12mg으로 충분하지만

임신 전기에는 1일 15mg 후기에는 20mg이 필요합니다.
철분을 많이 포함한 식품으로는
소 다리 살, 소간이나 돼지 간, 조개류, 녹황색 야채 등입니다.
만약 부족하다면 철분이 주체인 조혈제를 먹어야 합니다.

●● 참고문헌요약 _ 노즈에 겐이치·이나가키 다케시, 『머리가 좋은 아이는 태아때 결정된다』, 경성라인, 2014, pp.70~71.

111

임신부의 방에는 끊임없이 신선한 공기가 공급되어야 한다

겨울에 창문을 닫고 석유스토브를 계속 트는 것은
일산화탄소 중독을 언제라도 일어킬 수 있습니다.
임신부의 방에는 신선한 공기를 넣어 주는 것을 잊어서는 안 됩니다.
머리 좋은 아이를 낳기 위한 것이기 때문입니다.
일산화탄소 중독에 의한 산소공급의 정지로
가장 먼저 영향을 받는 것은 뇌입니다.
뇌의 무게는 성인 체중의 2~3%에 지나지 않지만
혈액의 20%가 뇌에 집중되어 있습니다.
산소 또한 몸 전체의 필요한 양 중 20%를
뇌에서 사용하고 있다는 것입니다.

산소의 공급이 10초라도 멈추면 실신하고
2~3분 멈추면 뇌세포가 점점 죽어가
살아나도 식물인간이 되어 버립니다.
배 속 아기의 뇌에 필요한 산소는 스스로 구할 수 없고
엄마의 태반을 통하여 그 혈액으로부터 받습니다.
만약 엄마가 일산화탄소에 중독되어 1~2분이라도

필요한 산소를 보내주지 않으면 어떻게 될까요?
죽은 뇌세포는 다시 분열하여 늘어날 수 없기에
뇌의 발육이 나쁜 소두아가 태어납니다.
잠시 산소 부족으로 선천성 장애가 됩니다.

●● 참고문헌요약 _ 노즈에 겐이치·이나가키 다케시, 『머리가 좋은 아이는 태아때 결정된다』, 경성라인, 2014, pp.85~87.

112

약물

임신부의 음주, 흡연, 각종 약물의 복용은 태아의 발달에
큰 지장을 초래할 수 있다.
임신 26일째 임신한 사실을 모르고
신경안정제인 탈리도마이드를 복용한 후
태어난 아기가 한쪽 팔이 없으며
임신 28일째 약을 먹은 경우 한쪽 팔이
팔꿈치까지만 발육한 사례들이 보고되고 있다(Santrock. 1994).

마리화나, 헤로인, 코카인 등의 마약류 섭취가
태아의 발달에 미치는 영향은 치명적이다.
헤로인은 경기, 불안정, 비정상적 울음, 수면장애, 운동기능 장애,
주의력 결핍이 나타나고, 마리화나는 언어 및 기억발달 장애가,
코카인은 키와 체중 미달, 신체장애 유발, 지적발달 지체가 나타난다.
특히 임신 3개월에 코카인을 섭취하면 유아의 지나친 긴장, 심장기능장애, 발달지체 및 학습장애가 나타날 가능성이 더욱 커진다.

●● 참고문헌요약 _ 송명자, 『발달 심리학』, 학지사, 2008, pp.62~63.

113

임신부의 습관적 음주, 흡연

임신부의 습관적 음주는 태아 알코올 증후군을 유발한다.
아기들은 얼굴, 팔다리, 심장의 기형이 나타나며
지적장애가 수반된다.
매일 한두 잔 정도라도 반복적으로 알코올을 섭취하면
출생 후, 영아에게 주의집중력 결함이 나타날 수 있다.
임신 후, 첫 3개월 이내에 알코올 영향이 가장 크게 나타난다.

모의 흡연에 대한 태아의 니코틴 섭취도
심각한 발달장애를 초래할 수 있다.
과도한 흡연은 유산, 조산, 신생아 사망의 원인이 되며
소량의 지속적인 흡연은 체중미달아를 낳게 한다.
태아기의 니코틴 중독은
4세의 언어 및 인지발달에 지장을 초래하며
수면장애, 과활동(過活動), 호흡장애 등을 유발한다.

●● 참고문헌요약 _ 송명자, 『발달 심리학』, 학지사, 2008, pp.63~64.

114

애완동물로부터 옮기는 톡소플라스마 병

톡소플라스마라는 병원체는
원래 개나 고양이 등에서 감염되기 쉬운 것인데
그다지 정확한 증상을 나타내지 않은 채로 경과해 버립니다.
그러나 임신 중에 이 병원체에 감염되면
임신부에게는 병증세가 나타나지 않지만
태아는 체내에서 감염되어
선천성 톡소플라스마 병이 되는 경우가 있습니다.
태아가 감염되면 유산의 원인이 되기도 하며
뇌장애나 시력장애의 원인이 되는 일이 있습니다.

아기를 가지려고 하면
개나 고양이를 기르는 것은 주의해야 합니다.

●● 참고문헌요약 _ 김정범 역자, 『태교는 이렇게 시작한다』, 참솔, 1990, pp.75~76.

115

임신부의 운동

운동을 하면 기분이 좋아지고 생활에 활력이 생겨 삶이 즐거워진다.
임신 중 최고의 태교는 바로 임신부의 마음이
항상 즐거운 상태를 유지하는 것이다.
운동을 하면 바른 자세를 유지하는 데 도움이 된다.
임신부의 바른 자세는 임신 중 생길 수 있는
요통과 치골통을 예방한다.
또한 변비와 치질, 부종, 정맥류를 예방하는 효과도 있으며
임신부가 정상체중을 유지할 수 있게 해 과체중으로 인한
임신성 당뇨나 임신중독증을 예방하는 데 도움을 준다.
또한 운동으로 다리, 허리, 복부 근육이 단련되면
출산이 한결 편해진다.

임신 중 지나친 체중 증가는 난산의 원인이 된다.
임신 중 운동의 가장 큰 효과는 체중이
지나치게 늘어나는 것을 방지하는 것이다.
체중이 정상적으로 늘어나면 순산과 자연분만을
할 수 있는 가능성이 높아진다.

임신 초기에 쉽게 피곤하거나 아랫배가 불편하다면 휴식을 해야 한다.
하지만 컨디션이 나쁘지 않다면 운동을 하는 것이 좋다.
강도는 평상시보다 약하게 약간 숨찰 정도로 한다.
걷기, 수영, 요가 등은 임신 초기에 해도 좋다.

임신 4개월은 자연유산의 위험성이 사라지는 안정된 시기이다.
자신의 몸 상태를 확인해 컨디션이 나쁘지 않다면
수영, 빠르게 걷기, 요가 등을 한다.
걷기는 평소에 운동을 하지 않았더라도
임신 중 누구나 안전하게 할 수 있다.

걸을 때는 바른 자세로 걷는 것이 좋다.
키가 커진다는 느낌으로 허리와 가슴을 펴고
배에 약간 힘을 주면서 걷는다.
무릎관절을 보호하기 위해 쿠션이 좋은 운동화를 신는 것은 필수,
하루에 한 시간 정도, 일주일에 3회 이상 하는 것이 좋다.
등에 약간 땀이 날 정도, 혹은 조금 숨이 찰 정도로 부지런히 걷는다.

●● 참고문헌요약 _ 김건호, 『똑똑하고 건강한 첫 임신 출산』, 리스컴, 2011, p.158, pp.172~173.

116

임신 중에는 물을 충분히 마시자

우리 몸은 3분의 2가 물로 구성돼 있어서
임신 중이 아니더라고 물을 많이 마시는 것이 중요하다.
특히, 임신 중에는 물을 많이 마셔야 한다.

임신을 하면 혈액량이 증가하고 체온이 상승해 쉽게 탈수될 수가 있다.
탈수가 되면 두통, 부종, 변비, 치질, 현기증 등이 생기는데
임신 말기에는 특히 위험하다.
임신 말기에 수분이 부족하면 자궁 수축을 유발해 조기 진통을 일으킨다.

물을 얼마나 먹고 있는지 확인하고 잘 먹는 방법을 알아두자.

* 소변 색을 확인한다.
  물을 충분히 마신다면 소변이 희석되어 색이 연하다.
* 하루에 물 2L, 즉 8잔을 꼭 마신다.
* 생수를 먹기 힘들다면 우유, 과일 주스, 녹차를 마셔도 된다.
  카페인 음료나 알코올은 오히려 탈수를 일으킨다.

●● 참고문헌요약 _ 김건호, 『똑똑하고 건강한 첫 임신 출산』, 리스컴, 2011, p.117.

117

임신부의 정기검진

정기검진은 이상이 없어도 반드시 건강진단을 받는다.
5개월까지는 월 1회, 6~7개월까지는 3주에 1회,
8~9개월은 월 2회, 10개월째 들어오면 매주 받는 것이 좋다.
그러기 위해서는 먼저 어느 병원에서 출산을 할 것인가?
검진은 어디가 좋을 것인가를 결정해 두어야 한다.

정기검진에서는 빈혈이나 임신중독증 등을 체크한다.
치료해야 할 증상이 있다면 충치 등도 치료한다.
변비, 손발이 저리는 것, 식욕부진, 요통은 의사에게 말하고
혼자 끙끙 앓는 일은 피해야 한다.

임신에서 출산까지의 비용도 점검할 필요가 있다.

1. 매달 건강 검진료와 치료비
2. 아기를 위한 준비용품 비용
3. 임신복이나 출산용품 비용
4. 출산비용

어느 정도 꼭 필요한 것
빌릴 수 있는 것
남에게서 물려받을 수 있는 것
손으로 만들 수 있는 것 등으로 나누어
무리 없이 준비해야 할 것이다.

●● 참고문헌요약 _ 김정범 역자, 『태교는 이렇게 시작한다』, 참솔, 1990, p.147, p.149, p.152.

제5절 — 역사 태교

118

태교의 전래

우리나라 전통사회에서는 눈에 보이지 않는 생명을 인격체로 인정하여 부모가 정성을 다해야 한다는 태교 문화가 일찍부터 발달해 왔다. 우리나라는 사람의 나이를 말할 때 태어나는 시점부터 한 살로 계산하여 말한다. 이것은 태중에 있던 열 달을 유럽처럼 정체된 기간으로 보는 것이 아니라 태아에게 인격을 수양시키는 교육의 기간으로 인지한 것 때문이라 생각할 수 있다. 우리의 선조는 조기교육의 시기를 태아기까지 거슬러 올라갔으며, 태아의 품성과 관계있는 정서 관리까지 중요하게 여겼으니 참으로 놀라운 예지라 아니할 수 없다.

특히 우리나라에서는 '태중에 있을 때부터 이루어지는 교육'이라 할 수 있는 태교를 중시하여 사대부 집안은 물론 민간의 평범한 집안으로 파급되어 긍정적인 작용을 해 왔던 것으로 볼 수 있다. 한국인은 태교를 중시하고 있으며 태교를 실천한 여성이 자녀 양육 태도에서 긍정적인 효과를 나타내고 있고 태어난 태아의 건강 상태 역시 좋음을 확인할 수 있다.

우리나라의 태교에 관한 문헌은 B.C. 232년 해모수 왕이 8년 10월 양태모의 법을 만들어 사람을 가르친다는 것은 반드시 태훈으로부터 시작했다는 『단군사기』에서 찾을 수 있다. 이로써 우리는 단군신화도 홍익인간의 교육이념을 말해 주듯이 일찍부터 태교의 가르침을 중요시했다는 것을 알 수 있다. 중국에서 전해진 것은 불교 전래와 같은 시기인 6세기 중엽으로 보이나 태교의 기원은 옛날 중국 경전 중의 하나인 〈소학〉의 내편 입교부에 나오는 것이 처음이며 지금으로부터 거슬러 올라가면 천 수백 년 전의 일이다. 또 태교를 해석한 당시의 〈천금방〉에 의하면 "임신 3개월에는 태아의 소질이 아직 결정되지 않으며, 임신부의 매일매일 생활태도에 따라 변화한다. 성덕을 배워서 수양에 힘쓰고 식생활, 말이나 행위를 잘한다면 태아는 심신 모두 잘 성장한다."고 임신부의 마음가짐을 가르치고 있다.

119

『태교신기』는 어떤 책인가

조선 시대 사주당 이 씨가 쓴『태교신기』는 여성의 시각에서 태교의 이념과 원리, 그리고 구체적 실행지침을 정리하고, 유교경전과 예법, 의서 등의 내용을 담고 있는 최초의 태교 전문서이다. 태교신기는 이사주당이 자녀를 기르면서 사용하고 난 뒤에 잊혔다가 20여 년이 지나 막내딸이 가지고 있던 상자에서 발견되었다. 끊어진 태교의 맥을 이어가기 위하여 '교자집요' 중 '양태절목'을 취하고 경전의 가르침과 성현의 예법을 참작하여 거울로 삼고, 의학의 이치를 참작하여 깨우친 내용을 정리하여『태교신기』로 완성하였다.

다른 태교교훈서와 달리『태교신기』만이 가진 독특한 특성은 부성태교에 대한 강조이다. 태교는 일반적으로 임신부가 해야 할 일로 여겨지는데, 이사주당은 "아버지 하루 정심(하루씨 내림)은 자식에게 생명을 주는 것이며 자식의 운명을 결정지어 자식의 인생을 만드는 것"이라 하여 아버지 태교의 중요성을 부각했다. 또한 주변 환경의 중요성을 주장하며, 태교한 임신부가 항상 마음 편안한 환경을 갖도록 부부와 가족이 함께 노력하고 보살펴 주어야 한다고 피력하였다

●● 참고문헌요약 _ 이사주당 저, 김경미 역자,『태교신기』, 문사철, 2020, pp.16~17.

120

사주당의 태교관

첫째는 인간에 대한 인화적 원리이다.
인간에 대한 근본적 사랑과 애정을 기본원리로 하고 있다.
일상에서는 모든 사람과의 조화를 이루며 상호 호혜적 관계를 갖도록 한다.

둘째는 사물에 대한 순리적 원리이다.
하늘과 음양의 이치를 받들고 따르며 임부 자신은 사물의 이치에
거스르지 않는 사고와 행동을 요구한다.

셋째는 정행의 원리이다.
실천적 원리로서 옳고 바른 몸가짐과 마음가짐을 갖는 것이다.

넷째는 금욕과 절제의 원리이다.
임부는 자신의 감정과 욕구를 다스리며 조절해야 한다.
술과 약물, 음식금기, 잡물금기 등 임부가 행하는
모든 행위의 금욕과 절제를 요구한다.

●● 참고문헌요약 _『민속학술자료총서:한방7』, pp.200~201.

121

성품

오늘날 전해지고 있는 '태교신기장구대전'에서는
인간의 성품은 하늘을 근본으로 이루어지지만
기질을 부모에게서 물려받아 형성되므로
태교는 자녀를 가르치는 근본이 됨을 말하고 있다.
또는 태교를 통해 좋은 태내 환경을 조성하고
좋은 성품을 가진 아이를 낳아야 한다고 말하고 있다.
대체로 부부가 정을 합할 때에는
총명함과 우매함이 나뉘지 않으나
지, 수, 화, 풍이 조화되어 형체를 이루면
성인과 범인이 이미 판가름 된다.
그러므로 형체를 이루기 전에는
태교로서 마음을 따르게 할 수 있으나
성품이 결정되고 나면 습관으로 성품을 고칠 수가 없다.
이것이 태교가 중요한 까닭이다.

어머니가 병들면 자식도 병들고
어머니가 편안하면 자식도 편안하여

성정과 재주와 덕은 그 어머니의 동정을 따르고
먹고 마시는 것과 차갑고 뜨거움은 그 태아의 기혈이 된다.
아직 남아와 여아의 성의 구별이 드러나지 않았을 때
일(태교)을 하는 것은
진흙을 이겨 훌륭한 그릇을 만드는 것과 같다.
그러므로 "어진 스승의 십 년 가르침이 어머니 열 달 가르침만 못하다"고 하였다.

●● 참고문헌요약 _ 이사주당 저, 김경미 역자, 『태교신기』, 문사철, 2020, p.18, p.28, p.33.

122

어머니의 도

마음으로 온몸을 주관하여
모두 순하고 바름을 따르게 해서
태아를 기르는 것은 어머니의 도이다.

부인이 자식을 임신하여
앉고, 서고, 보고, 듣고, 말하고, 움직이는 것이
어느 하나라도
바름에서 나오지 않음이 없는 연후에
자식을 낳아야
모습이 단정하고 재능이 다른 사람보다 뛰어나다.

이상한 맛은 먹지 않으며
자른 것이 바르지 않으면 먹지 않으며
자리가 바르지 않으면 앉지 않는다.
눈으로 바르지 않은 색은 보지 않으며
귀로 음탕한 소리는 듣지 않는다.

기혈이 엉키고 막혀서 지각이 순수하지 않은 것은
아버지의 허물이고
형질이 못생기고 볼품이 없으며
재능이 갖추어지지 않은 것은 어머니의 허물이다.

●● 참고문헌요약 _ 이사주당 저, 김경미 역자, 『태교신기』, 문사철, 2020, p.76, p.78, p.80.

123

임부의 언어

대개 사람의 온몸은
모두 마음의 명령을 듣기 때문에
마음이 한 번 바르면 귀와 눈이 총명해지고
혈기가 화평하며, 행하는 모든 일이
순하게 이어지지 않음이 없다.
그러나 평소에 마음을 함양하지 않으면
마음이 갑자기 바르게 되지 않는다.
그러므로 반드시 보고 듣고 말하고 움직임을 삼가
혹시라도 예가 아닌 것에 말미암지 않게 하며
이를 위하여 마음이 항상 깨어 있어야 한다.

태교의 법은 본마음을 지키는 것을 주로 하여야 한다.
임부의 도는 분해도 사나운 소리를 하지 않고
성나도 나쁜 말을 하지 않고
말할 때 손을 흔들지 않고 웃을 때 잇몸을 보이지 않고
다른 사람과 더불어 희롱하는 말을 하지 않고
친히 부리는 사람들을 꾸짖지 않고

닭과 개에 성내지 않고 사람을 속이지 않고
다른 사람을 헐뜯지 않고 귓속말을 하지 않고
근거 없는 말을 전하지 않고
일에 직접 간여하지 않았으면
말을 많이 하지 않아야 한다.

●● 참고문헌요약 _ 이사주당 저, 김경미 역자, 『태교신기』, 문사철, 2020, pp.107~108.

124

아버지의 도

날마다 서로 공경으로 대하고
혹시라도 가깝다고 무례하게 대해서는 안 되고
지붕 아래 침상에서도 오히려 하지 못하는 말이 있으며
몸에 질병이 있으면 감히 들어가 자지 않으며
상을 당하여 상복을 입으면 감히 들어가 자지 않으며
음양이 조화롭지 못하고 하늘의 기운이 상도를 잃으면
감히 편안히 쉬지 않으며
헛된 욕심이 마음에 싹트지 않게 하고
바르지 않은 기운이 몸에 들어오지 않게 하여
자식을 낳는 것은 아버지의 도이다.

드러나지 않는다고 하여 나를 보지 않는다고 말하지 마라.
신이 이르는 것은 헤아릴 수 없는 것이다.

●● 참고문헌요약 _ 이사주당 저, 김경미 역자, 『태교신기』, 문사철, 2020, pp.72~73.

125

태교의 도

몸 안의 콩팥의 기운이 마르지 않으면
헛된 욕심이 싹트지 않고
심장의 기운이 항상 밝으면
사사로운 기운이 베풀어지지 않으니
이와 같은 정신과 육체가 왕성하여
자식을 낳으면 재주 있고 오래 사는 것이다.

네가 홀로 있을 때를 보아도
유심한 곳에서도 부끄러움이 없는 뒤라야
비로소 되었다고 할 뿐이다.
드러나고 밝은 곳이 아니라고 해서
보는 자가 없다고 말하지 말라.
귀신의 현묘함은 모든 사물에 갖추어지지 않음이 없으니
태교의 도는
남녀가 평소 기거하는 곳에서부터 시작되고 있음을 말한 것이다.

●● 참고문헌요약 _ 이사주당 저, 김경미 역자, 『태교신기』, 문사철, 2020, pp.74~75.

126

귀로 듣는 것

사람의 마음이 움직이는 것은
귀로 소리를 들어서 느끼는 것이니
임신부는 음란한 음악과 음란한 노래
사람들이 모인 곳에서 시끄럽게 떠드는 것과
부인들이 꾸짖는 소리와
술 취해 주정하고 분하여 욕하며
울고 곡하는 소리 등을 듣지 않아야 한다.
부리는 사람들이 먼 바깥의
이치 없는 말들을 전하지 못하게 하며
사람을 두어 시를 외우게 하고 글을 읽게 하고
그렇지 않으면 거문고와 비파를 타게 한다.
이것은 임부가 귀로 듣는 것이다.

●● 참고문헌요약 _ 이사주당 저, 김경미 역자, 『태교신기』, 문사철, 2020, pp.102~103.

127

태를 기른다는 것

태를 기른다는 것은 자신뿐만 아니라
집안사람이 항상 조심하고 삼가야 한다.
분한 일을 듣지 않게 하는 것은
두려워할까 염려하는 것이고
감히 어려운 일을 듣게 하지 않는 것은
근심할까 염려하는 것이고
감히 급한 일을 듣게 하지 않는 것은
놀랄까 염려하는 것이다.
성내면 기가 거꾸로 되어 피가 몰리고
태아의 피가 병들고
두려워하면 기가 내려가 정신이 흩어져
태아의 정신이 병들고
근심하면 폐를 상하게 하고 폐는 기를 주관한다.
놀라면 쓸개를 상하게 하고
태아에 뇌전증이 든다.

●● 참고문헌요약 _ 이사주당 저, 김경미 역자, 『태교신기』, 문사철, 2020, p.93.

128

임부를 대하는 것

친구와 함께 오래 있어도
오히려 그 사람됨을 배우는데
하물며 자식은 어미에게서 칠정을 닮는다.
임부에게는 희로애락이
그 절도를 지나치지 않아야 한다.
임부의 곁에는 항상 착한 사람이 있게 하여
기거를 돕고 마음을 기쁘게 하며
본받을 말과 본받을 만한 일을
귀에 끊이지 않도록 하여야 한다.
그러한 뒤에라야 게으르고 간사한 마음이
저절로 생겨날 수가 없는 것이다.
이것이 임부를 대하는 것이다.
태교의 법은 다른 사람이 임부를 대하고
보호해 주는 것이 우선이다.

●● 참고문헌요약 _ 이사주당 저, 김경미 역자, 『태교신기』, 문사철, 2020, p.95.

129

임부가 누워 자는 것

임부가 자고 눕는 도리는 잘 때 엎드리지 말고
누울 때 반듯이 위를 보고 눕지 말고
몸을 구부리지 말고,
문틈 쪽으로 눕지 말고
맨몸으로 눕지 말고
심한 추위와 더위에는 낮잠 자지 말며
배불리 먹고 잠자지 말고
만삭인 달에는 옷을 쌓아 곁에 고이고
밤의 절반은 왼쪽으로 눕고
밤의 절반은 오른쪽으로 눕는 것을
법도로 삼아야 할 것이다.

이것은 임부가 누워 자는 것에 관한 일이다.

●● 참고문헌요약 _ 이사주당 저, 김경미 역자, 『태교신기』, 문사철, 2020, pp.114~115.

130

속담의 지혜

속담은 생활의 지혜라고 합니다.
인간은 원래 육아가 서투른 동물이기 때문에
옛날 사람들은 생활을 지혜로
'육아에 대한 속담'을 남겨 대대로 전하면서
육아에 실패하지 않도록 했습니다.

'세 살 버릇이 여든까지 간다'
인간의 기초는 세 살까지 완성된다고 하는 것이
의학적인 견해로서도 명확해졌습니다.
성격의 기초, 인간성의 기초가 세워질 뿐만 아니라
지능의 기초, 신장 등의 조직, 호르몬의 균형 유지 등도
세 살까지 만들어지는 것입니다.

'아이는 차게 키운다'
아이에게 적당한 추위를 경험하게 하면
춥다는 피부 자극은 뇌에 전달되어 뇌를 긴장 시켜
유지하는 기능, 병에 걸리는 것을 예방하는 것입니다.

'한 번 혼내고 세 번 칭찬합니다'

아이는 칭찬을 받으면 스스로 하려는 기분이 되며
생기가 넘치고 왕성해집니다.
반대로 심하게 꾸짖으면, 하려는 기분도 없어지고
활달함의 싹도 시들어 버립니다.
아이를 칭찬하는 데는 서투르다는
육아의 맹점을 보여준 속담이라 할 수 있습니다.

'귀여운 아이에게는 여행을 시킨다'

이 속담은 부모는 자식을 과잉보호하는 경향이 있으므로
아이를 지나치게 보호하지 않도록 노력하는 육아에 대한 교훈입니다.

'자식은 부모의 거울'

인간은 고등동물이지만 열등한 동물보다 무능력한 상태로 태어납니다.
그러나 이것은 무한한 능력의 싹을 갖고 태어나는 것이며
이 싹은 부모의 육아법에 의해 키워지는 것입니다.

'솔개가 매를 낳는다'

부모는 하찮은 '솔개'에 속하지만
자식은 훌륭한 '매'와 같은 아이로 자란다는 것입니다.
사회적 지위가 낮아도 인간적으로 훌륭한 부모인 경우
"나는 이것이 결점이니까 이점은 닮지 말아라"고 하는
결점의 본보기를 보이므로 좋은 아이로 키우게 됩니다.

●● 참고문헌요약 _ 김정범 역자, 『태교는 이렇게 시작한다』, 참솔, 1990, pp.95~97.

131

천금요방의 임신 10개월

임신 1개월

임신 1개월에는 혈행이 순조롭지 못하므로
힘든 일을 하지 말고 마음을 안정시키고
두려워하지 않도록 한다.

임신 2개월

반드시 조용한 곳에서 거처하여야 한다.
남편은 무리하게 부부관계를 하지 말고
모든 관절이 아픈데
이것은 태가 처음 뭉친 것이라고 한다.

임신 3개월

임신 3개월이면 형태가 정해진다.
한기가 있으면 대변이 파랗게 되고
열이 있으면 소변보기가 힘들며
넘어지면 경맥이 동요되며 하혈하기도 한다.

임신 4개월

4개월이면 처음으로 물의 정기를 받아서 혈맥을 형성한다.
마음과 뜻을 온화하게 하고 음식을 절제한다.
태기가 상승하여 가슴을 압박하고 갑갑하여 갑자기 하혈하기도 한다.

임신 5개월

5개월이면 처음으로 불의 정기를 받아서 기를 형성한다.
반드시 옷을 두껍게 입는다.
아침에는 햇빛을 받아들여 질병을 피한다.
5개월에는 태아의 사지가 만들어지므로 지나치게 피로하지 않게 한다.
엎드리려 하였다가 갑자기 유산을 하기도 한다.

임신 6개월

6개월에는 쇠의 정기를 받아 근육을 형성한다.
태아의 입과 눈이 모두 형성되므로
달고 맛있는 음식을 먹으며 지나치게 배부르게 먹지 말아야 한다.

임신 7개월

7개월에는 처음으로 나무의 정기를 받아서 뼈를 형성한다.
일을 하여 사지를 움직이고 굽혔다 폈다 움직여
혈과 기를 운행시켜야 한다.

임신 8개월

8개월에는 처음으로 흙의 정기를 받아서 피부가 형성된다.
번번이 식사를 거르는 일이 없고 무리하게 심한 활동을 하지 않아야 한다.

임신 9개월

9개월에는 돌의 정기를 받아 피부와 모발
모든 관절이 형성되어 갖추게 된다.
단맛이 나는 음식을 먹으며
몸이 자연스럽고 편하게 유지되도록 한다.

임신 10개월

10개월에는 천지의 기를 단전에 모아 관절을 움직이고
정신이 갖추어져 태어날 때를 기다렸다가 출생하게 된다.
단, 열 달 동안 침구 치료는 할 수 없다.

●● 참고문헌요약 _『민속학술자료총서:한방7』, pp.216~219.

132

전통 태교 중 임신부가 하지 말아야 하는 것

* 소, 닭, 개들을 꾸짖는 말.
* 사람을 속이는 말이나 훼방하는 말.
* 귀엣말이나 나온 데가 분명하지 않은 뿌리 없는 말.
* 분해도 모진 소리를 하지 말 것.
* 성나도 몹쓸 말을 하지 말 것.
* 사람들과 더불어 희롱하는 말을 하지 말 것.
* 부부가 함께 자지 말 것.
* 옷을 너무 덥게 입지 말 것.
* 침이나 뜸, 탕약을 함부로 사용하지 말 것.
* 찬물에 손을 적시지 말 것.
* 칼로 생물을 베지 말 것.
* 차고 냉한 곳이나 더러운 곳에 앉지 말 것.
* 눕거나 자는 것을 많이 하지 말 것.
* 밤에 문밖에 나가지 말 것.
* 무거운 것을 들지 말 것.
* 높은 데 오르거나 깊은 데 내려가지 말 것.
* 험한 곳을 건너지 말 것.

* 노력이 지나쳐 기운을 상하게 하지 말 것.
* 한 발로 서지 말고 기둥에 기대어 서지 말 것.
* 기울어진 길로 가지 말고 급히 달리거나 뛰어 건너지 말 것.
* 엎드려 자지 말고 꼬부리고 자지 말 것.
* 몹시 덥거나 몹시 추우면 낮잠 자지 말 것.
* 배불리 먹고 잠자지 말 것.

●● 참고문헌요약 _ 유안진, 『한국의 전통육아 방식』, 서울대학교출판부, 1987.

133

단동 십훈

아이를 어르는 우리나라의 대표적인 육아법으로
단동치기 십계훈의 줄임말이다.
고조선 단군왕검이 아이를 가르칠 때 쓴 열 가지 훈시로
아이가 태어나면서부터 실시했다.
단동치기 십계훈에는 아동을 하느님을 모신 우주적인 존재,
자발적으로 성장할 수 있는 내적인 힘을 지닌 존재로 보는
아동관이 담겨 있다.

옛 선조들은 아이가 돌이 되기 전,
인간이 지켜야 할 도리를 단동십훈으로 가르쳤다.
구전으로 내려온 것이라 다소 이견은 있지만
단동십훈을 대략 살펴보면
다음의 열 가지 동작과 교훈으로 요약할 수 있다.

1. 불아불아 2. 시상시상 3. 도리도리 4. 지암지암 5. 곤지곤지
6.섬마섬마 7. 업비업비 8. 아함아함 9. 작작궁 작작궁 10. 질라아비 훨훨의 열 가지 중 도리도리, 지암지암, 곤지곤지, 업비업비, 아함아함, 작

작궁 작작궁의 다섯 가지는 아이를 키우고 할머니가 있는 집에서는 쉽게 만날 수 있는 놀이이고 배 속의 아기와도 교류할 수 있다는 생각으로 올린다.

1. 지암지암

우리가 흔히 죔죔이라고 부르는 지암지암은 두 손을 폈다 쥐었다 하는 동작을 모아 쥐어 바른 행동을 하고 바른 사람이 되라는 뜻이 담겨 있다. 지암은 가질 지(持)와 어두울 암(闇)으로 한자어를 풀이하면 "어둠을 가지다."라는 뜻이다. 세상의 혼미한 것을 두고두고 헤아리며 가려서 파악하라는 의미도 있다.

2. 곤지곤지

왼손바닥을 펴게 한 다음 오른손 검지로 왼손바닥을 찍는 동작이다. 오른손 검지는 음이 되고, 편 왼손바닥은 양이 된다. 음이 양을 관통하는 모습으로 음양의 조화를 상징한다. 이것은 땅의 이치를 본받아 음양의 조화를 이루며 덕을 쌓으라는 의미이다. 한자를 곤지곤지라고 달리 쓰기도 하는데, 가장 으뜸이 되는 것을 가지라는 뜻으로 해석되기도 한다.

3. 업비업비

양팔을 뻗어 손바닥을 흔드는 동작이다. 해서는 안 되는 행동을 할 때 우리가 자신도 모르게 '애비 애비'라고 하며 겁을 주었던 말의 근원이다. 섭리를 일깨우는 말로, 이치에 맞지 않는 행동을 삼가라는 뜻이 담겨 있다.

4. 아함아함

손바닥으로 입을 막으며 소리를 내는 동작이다. 한 손 또는 두 손으로도 한다. 어린 시절 손바닥을 입에 대고 소리를 내며 재미있어하던 놀이의 원형이다. 아함은 천지 좌우의 형국을 내 몸에 모시었다는 의미로, 아이가 작은 우주임을 알리는 뜻이다. '아'는 두 손으로 입을 막은 모양으로 입조심을 하라는 뜻도 있다.

5. 작작궁 작작궁

두 손바닥을 마주쳐 소리를 내는 동작이다. 한자어 작작궁을 풀이하면 손바닥으로 활모양을 만들라는 뜻이다. 옛말에 활을 사람의 마음이라 했다. 활모양을 만들라는 것은 착한 마음, 한마음을 가지라는 의미가 있다. 즉 두 손을 마주쳐 하나의 글자를 만드는 것이니 손바닥을 맞부딪쳐 천지의 조화를 꾀하고 하늘의 이치를 알라는 의미도 담겨있다.

●● 참고문헌요약 _ 김주현·박찬옥, 『유아교육연구』 제31권 제2호, "단동치기 십계훈의 교육관과 유아교육의 의미", 2011.

제6절 — 노래

134

둥둥 아기 무얼 하고 있니?

| **1절** | 우리 아기 둥둥 아기 지금 무얼 하고 있니?
똑똑똑 쓰담쓰담쓰담 똑똑똑 쓰담쓰담쓰담
엄마 말을 들으려고 귀 기울이고 있니?
아빠 말을 들으려고 귀 기울이고 있니?
대답 좀 해 주자 대답 좀 해주자
발끝으로 말하자 손끝으로 말하자
똑똑똑 똑똑똑 엄마 배에다 말하자

| **2절** | 우리 아기 둥둥 아기 지금 무얼 하고 있니?
똑똑똑 쓰담쓰담쓰담 똑똑똑 쓰담쓰담쓰담
쿨쿨쿨 잠을 자고 있니? 졸려서 눈 비비니?
꾸벅꾸벅 졸고 있니? 누워서 잠을 자고 있니?
대답 좀 해 주자 대답 좀 해주자
발끝으로 말하자 손끝으로 말하자
똑똑똑 똑똑똑 엄마 배에다 말하자

135

분리수거 잘해요

| 1절 | 종이는 종이대로 비닐은 비닐대로
할머니!
팩 안에 남은 우유는 물로 씻어서 넣으세요
그래야 자연이 웃어요
자연이 잘살아야 우리도 잘살아요
자연을 마구 파헤치는 것은
우리의 마음을 더럽히는 거예요
자연에 물어보고 양해하고
사랑하고 배려하는 것은
은혜의 나눔이에요

| 2절 | 유리는 유리대로 쓰레기는 쓰레기대로
할아버지!
기름병은 물에 식초 넣고 흔들어 넣으세요
그래야 자연이 웃어요
자연이 잘살아야 우리도 잘살아요
자연을 마구 파헤치는 것은

우리의 마음을 더럽히는 거예요
자연에 물어보고 양해하고
사랑하고 배려하는 것은
은혜의 나눔이에요

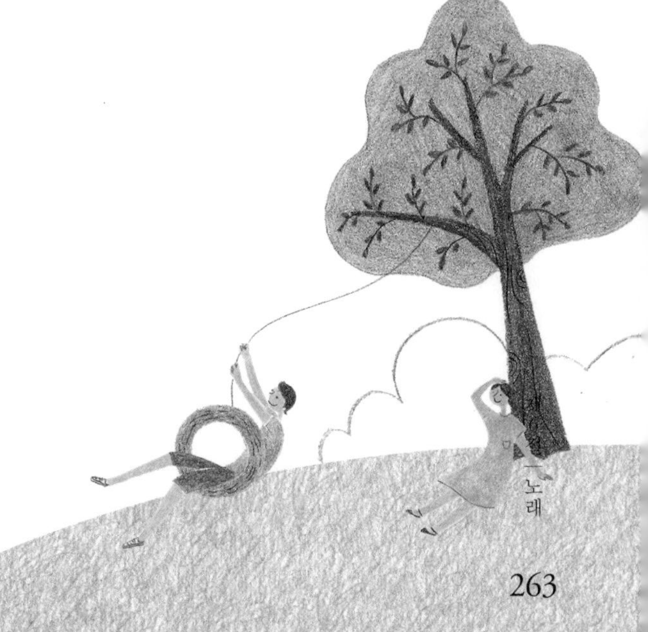

136

개미집

| 1절 | 개미가 집을 지었어요
배추 밑으로 깊게 들어가요
엄마가 김치를 만드신다는데
개미집이 다칠까 보아 걱정이에요
엄마개미, 아빠개미, 아기개미
행복하게 살고 있으니 참 아름다워요

| 2절 | 개미가 집을 지었어요
개집으로 만든 기둥 밑이에요
멍멍이가 보고 난 후, 화가 나서
개미집이 다칠까 보아 걱정이에요
엄마개미, 아빠개미, 애기개미
행복하라고 축대 밑에 집을 옮겼어요

137

숨바꼭질

| 1절 | 엄마랑 아빠랑 숨바꼭질하자
뒷산 소나무에서 숨바꼭질하자
엄마는 술래 두 눈 꼭 감고
아빠는 산책길 의자 뒤에 숨고
태아는 엄마 배 속에 숨고
찾았다 찾았다 찾았다
아빠는 손가락이 보이고
태아는 뽈록뽈록 엄마 배를 걷어차네

| 2절 | 엄마랑 아빠랑 숨바꼭질하자
아카시아 나무에서 숨바꼭질하자
아빠는 술래 두 눈 꼭 감고
엄마는 아카시아 나무 뒤에 숨었네
태아는 엄마 배 속에 숨고
찾았다 찾았다 찾았다
엄마는 두 발이 보이고
태아는 배 속에서 딸꾹질 소리 들리네

138

도깨비방망이

| 1절 | 금 나와라 뚝딱
은 나와라 뚝딱
코로나19 나와라 뚝딱
미세먼지 나와라 뚝딱
산은 우리 몸과 같아요
자연은 우리 생명이에요
우리가 노력하면 건강해져서 전기도 나오고
함부로 하면 화가 나서 지구에서 못 살게 해요
무서운 도깨비방망이에요
좋은 도깨비방망이로 오게 할 거예요
좋은 도깨비방망이로 오게 할 거예요

| 2절 | 금 나와라 뚝딱
은 나와라 뚝딱
산이 무섭게 무너져요
강이 무섭게 무너져요
평야는 우리 몸과 같아요

물은 우리의 생명이에요
노력하면 건강해져서 쌀도 나오고
함부로 대하면 화가 나서 지구에서 살지 못 해요
무서운 도깨비방망이에요
좋은 도깨비방망이로 오게 할 거예요
좋은 도깨비방망이로 오게 할 거예요

139

이름 없는 풀

| 1절 | 저는 이름 없는 풀이에요
꽃씨가 바람에 날아 다녀서 길 한가운데도 바위틈에도
채소를 심어놓은 밭에도 어쩔 수 없이 뿌리를 내려요
산속 넓은 곳으로 가고 싶어도 바람님이 길을 막아요
불쌍하게 생각할 줄 알아야 한대요
불쌍하게 생각할 줄 알아야 한대요

| 2절 | 저는 이름 없는 풀이에요
꽃씨가 바람에 날아 다녀서 예쁜 꽃밭에도 앞마당에도
아파트 베란다 화분 속에도 어쩔 수 없이 뿌리를 내려요
들판 시원한 곳에 가고 싶어도 바람님이 길을 막아요
미안하게 생각할 줄 알아야 한대요
미안하게 생각할 줄 알아야 한대요

140

산으로 소풍 가자

| 1절 | 성자야! 배 속의 아가야!
엄마 아빠 강아지도
먹을 것 어깨에 메고 소풍 가자
계곡이 있고 송사리 메기 노닐고
칡넝쿨 우거진 바위에 앉아
하늘 바라보며 노래 부르자
이렇게 아름다우니
감사합니다 노래 부르자

| 2절 | 성자야! 배 속의 아가야!
영이 철이 고양이도
먹을 것 어깨에 메고 소풍 가자
능선이 있고 다람쥐 토끼 뛰놀고
산수유 우거진 그늘에 앉아
진달래 바라보며 노래 부르자
이렇게 평화로우니
감사합니다 노래 부르자

141

엄마 아빠 사랑해요

| 1절 | 아빠 목소리는 씩씩해요
엄마 목소리는 따뜻해요
아침에 아빠가 출근할 때
엄마의 "다녀오세요"는
너무 아름다워요
엄마 아빠 목소리는 온종일 듣고 싶어요
엄마 아빠 목소리는 온종일 듣고 싶어요

| 2절 | 엄마 목소리는 수줍어요
아빠 목소리는 점잖아요
아침에 아빠가 출근할 때
"다녀올게요" 하는 말은
너무 의젓해요
엄마 아빠 목소리는 온종일 듣고 싶어요
엄마 아빠 목소리는 하루종일 듣고 싶어요

142

깊은 산속

| **1절** | 칡넝쿨 우거지고 아카시아 꽃냄새 나는 곳
사자, 호랑이, 곰, 사슴이
저마다 집을 짓고 살고 있는 곳
사람들은 동물이 잘 살아야 한다며
놀러 가지도 않고 나무도 가져오지 않아요
사랑하고 인정하고 감사해요

| **2절** | 큰 바위 옆 흐르는 물 위로 꽃잎 떨어지고
노루, 다람쥐, 토끼, 두더지
저마다 집을 짓고 살아가는 곳
사람들은 동물이 잘 살아야 한다며
추운 겨울에는 먹을 것을 산에 두고 와요
사랑하고 인정하고 감사해요

143

민들레

| 1절 | 봄이 오면 산책길 민들레
하늘을 향해 노란색 얼굴로 말해요
반가워요 감사해요
아름다운 모습으로 만나게 되어
오늘도 행복해요

| 2절 | 봄이 오면 돌 틈의 민들레
바람을 향해 노란색 얼굴로 말해요
반가워요 감사해요
건강한 모습으로 만나게 되어
오늘도 행복해요

| 3절 | 봄이 오면 길옆의 민들레
홀씨 되어 손을 잡아요
반가워요 감사해요
희망의 모습으로 만나게 되어
오늘도 행복해요

144

기차 여행

| 1절 | 칙칙폭폭 칙칙폭폭
강아지 고양이 기차 타고 여행을 갑니다
창밖으로 산도 있고 강도 있고
기차 안에는 맛있는 것도 있어요
강아지가 배가 아프다고 몸을 비틀어요
얼른 손잡고 화장실로 갑니다
사람들이 길을 비켜줍니다
사람들이 길을 비켜줍니다

| 2절 | 칙칙폭폭 칙칙폭폭
강아지 고양이 기차 타고 여행을 갑니다
창밖으로 나무도 있고 꽃도 있고
맛있는 사탕을 입에 물고 노래해요
라라 라라 라라 라라 라라
라라 라라 라라 랄라 라라
사람들은 따라서 같이 불러요
사람들은 따라서 같이 불러요

145

우리 성자 누굴 닮았나?

| **1절** | 아빠를 닮았나! 엄마를 닮았나!
우리 성자, 누굴 닮았나!
아빠의 가족을 사랑하는 마음
엄마의 세상을 사랑하는 마음
세상과 가족을 사랑하는 마음
성자의 마음이 닮아가네
감사해요 행복해요

| **2절** | 엄마를 닮았나! 아빠를 닮았나!
우리 성자, 누굴 닮았나!
엄마의 이웃을 사랑하는 마음
아빠의 자연을 사랑하는 마음
이웃과 자연을 사랑하는 마음
성자의 마음이 닮아가네
감사해요 행복해요

146

물을 아껴요

| 1절 | 욕조에 물이 넘쳐요 안돼요 안돼요
남은 물은 빨래해요 변기에 버려요
세상에 먹는 물도 없어요 우리가 더럽혔어요
자연은 내 몸이에요 무너지면 모두가 무너져요
물이 생명이에요 물이 생명이에요

| 2절 | 수도꼭지가 열렸어요 잠가 놓아요
물을 담아 놓았다 써요 설거질 해요
세상에 먹는 물도 없어요 우리가 더럽혔어요
자연은 우리 몸이에요 무너지면 세상이 무너져요
물이 생명이에요 물이 생명이에요

147

물놀이 가면

| 1절 | 여름이면 시원한 계곡물이 좋아요
발 담그고 물장구치고 동생하고 놀아요
도시락도 먹고 과자도 먹고
아이스크림도 먹고 수박도 먹고
집에 올 때는 가족과 함께
쓰레기를 봉지에 담아 와요
가까운 곳이 깨끗하면 나라가 깨끗해요
너도나도 깨끗하면 세상이 깨끗해요

| 2절 | 여름이면 바닷가로 물놀이 가요
모래사장에 몸담고 동생하고 놀아요
멍게도 먹고 오징어도 먹고
고구마도 구워 먹고 참외도 먹고
집에 올 때는 가족과 함께
쓰레기를 봉지에 담아 와요
가까운 곳이 깨끗하면 나라가 깨끗해요
너도나도 깨끗하면 세상이 깨끗해요

148

태교 음악

태교 음악으로 경북대 교수진에 의해 엄선된 곡들입니다.

※ 태아에게 들려주고 싶은 우리 소리

자장가(문재숙 작곡)

자장자장(전래민요)

방안의 꽃(우리 아가)

예쁜 아이 착한 아이(구하서 작사, 이병옥 작곡)

아가에게(이병옥 작곡)

코코낸내(윤명원 작곡)

세상에서 아름다운 것들(강상구 곡, 고미경 노래)

아름다운 세상을 위한 비나리(유은선 국악창립곡집)

삼현도드리(비파, 거문고, 가야금의 삼현)

천년만세(KBS 국악 관현악단)

세령산(KBS 국악 관현악단)

춘설(황병기 가야금)

계락 주제에 의한 중주곡 6번(주영위 연주)

하늘빛 그리움(이기경 작곡, 이유라 연주)

※ 태아에게 들려주고 싶은 고전음악

바흐 : G선상의 아리아, 브란덴부르크 협주곡 제5번

비발디 : 사계, 두 개의 만돌린과 현악 합주를 위한 협주곡

모차르트 : 자장가, 교향곡 25번, 40번, 41번, 바이올린 협주곡 5번

베토벤 : 로망스. 피아노 소나타 17번, 21번, 피아노 협주곡 5번

요한 슈트라우스 : 비인 숲속의 이야기, 아름답고 푸른 도나우

차이콥스키 : 호두까기 인형, 백조의 호수, 안단테 칸타빌레

슈베르트 : 세레나데, 아베마리아, 자장가

드보르자크 : 유머레스크

●● 참고문헌요약 _ 신매희, 『사랑의 소리 태교이야기』, 사곰(한양대학교출판부), 2003, p.79, p.81.

〈 참고문헌 및 자료 〉

『민속학술자료총서:한방7』

공응경, 『공응경 박사의 마음태교』, 정진출판사, 2014.

김건호, 『똑똑하고 건강한 첫 임신 출산』, 리스컴, 2011.

김광호·조미진, 『오래된 미래 전통육아의 비밀』(EBS다큐프라임), 라이온북스, 2012.

김상운, 『왓칭』, 정신세계사, 2011.

김수용, 『뇌과학이 밝혀낸 놀라운 태교이야기』, 종이거울, 2011.

김정범 역자, 『태교는 이렇게 시작한다』, 참솔, 1990.

김주현·박찬옥, 『유아교육연구』 제31권 제2호, "단동치기 십계훈의 교육관과 유아교육의 의미", 2011.

김창규, 『남편과 함께하는 태교 데이트』, 도서출판 연이, 2003.

노즈에 겐이치·이나가키 다케시, 『머리가 좋은 아이는 태아때 결정된다』, 경성라인, 2014.

마리안 반 아이크 맥케인, 윤덕노 역자, 『생각을 바꾸면 즐거운 인생이 시작된다』, 함께가는길, 2006.

소혜왕후, 『내훈』, 한길사, 2011.

송명자, 『발달 심리학』, 학지사, 2008.

송은영, 『에라토스테네스가 들려주는 지구 이야기』, 자음과모음, 2010.

신매희, 『사랑의 소리 태교이야기』, 사곰(한양대학교출판부), 2003.

어니스트 홈즈, 『마음의 과학. 1』, 서른세개의 계단, 2013.

에롤 E. 해리스, 이현휘 역자, 『파멸의 묵시록』, 산지니출판사, 2009.

유안진, 『한국의 전통육아 방식』, 서울대학교출판부, 1987.

이광정, 『태아교육』, 도서출판동남풍, 1993.

이사주당 저, 김경미 역자, 『태교신기』, 문사철, 2020.

허그맘 아동심리상담센터, 『우리 아이 잘 자라고 있나요?』, 위즈덤하우스, 2018.

태교,

영혼으로 부르는 시와 노래

2021년 10월 22일 초판 1쇄 인쇄
2021년 10월 29일 초판 1쇄 발행

지은이 손혜성(경자)

펴낸곳 도서출판 동남풍
펴낸이 주영삼
출판등록 제1991-000001호(1991년 5월 18일)
주　소 54536 전북 익산시 익산대로 501
전화번호 063-854-0784
팩스번호 063-852-0784
홈페이지 www.wonbook.co.kr
인쇄 문덕인쇄

ISBN 978-89-6288-049-6(03370)
값 15,000원